Gestalttherapie

Axel Dinslage

Gestalttherapie

Was sie kann,
wie sie wirkt und
wem sie hilft.

Die Deutsche Bibliothek - CIP-Einheitsaufnahme

Dinslage, Axel:
Gestalttherapie : was sie kann, wie sie wirkt und wem sie hilft
/ Axel Dinslage. - 2. Aufl. - Mannheim : PAL, 1992
(Therapieverfahren unserer Zeit)
ISBN 3-923614-41-1

© PAL Verlagsgesellschaft Mannheim 1992
Herstellung: C. Bockfeld, Neustadt

Inhaltsverzeichnis

Zur Einführung:
Eine verpaßte Chance

Therapie ist kein Allheilmittel, um alltägliches Leid aus unserem Leben zu verbannen. In einer Gesellschaft, in der die natürlichen Beziehungen zwischen Verwandten, Freunden, Partnern, Kollegen und Nachbarn immer schwieriger werden, kann Therapie jedoch eine Chance sein, zu lernen, mit uns, den anderen und unserer Umwelt so umzugehen, daß wir unnötiges Leid vermeiden und mögliche Zufriedenheit erobern.

Neben anderen Therapieformen (z.B. Verhaltenstherapie, Psychoanalyse, Gesprächspsychotherapie) bietet die Gestalttherapie *einen* Weg an, unser Leben durch Ausweitung unserer Erlebens- und Verhaltensmöglichkeiten zu bereichern.

Wenn Sie weiterlesen, werden Sie Zeuge sein, wie die Gestalttherapie Herbert und Ellen helfen kann, ihre Probleme zu verstehen und möglicherweise auch zu lösen.

Herbert (39 Jahre, geschieden, allein lebend) kommt auf seinem Stadtbummel an einer Straßenbahnhaltestelle vorbei. Sein Blick fällt auf eine ca. 30-jährige Frau, die dort wartet. Sie gefällt ihm, und er wünscht, sie kennenzulernen. Er bleibt stehen. Sein Puls geht schneller, seine Knie werden weich. Er ist aufgeregt, empfindet Angst. Als er sie ansieht, schaut sie weg. Er möchte sie ansprechen, doch seine Kehle ist wie zugeschnürt. Er denkt: „Die finde ich toll. Doch wenn sie mir einen Korb gibt, wie stehe ich dann da? Was werden die anderen Leute von mir denken? Ich werde rot werden und vor Scham im Boden versinken. Vielleicht lacht sie mich aus? Oder sie dreht sich um und läßt mich einfach stehen?"

Er geht weiter, ohne sie anzusprechen. Seine Angst läßt nach. Zu Hause vor dem Fernseher fühlt er sich noch einsamer als sonst. Er trinkt und raucht. Wieder einmal ärgert er sich, daß er sich nicht traute, eine Frau anzusprechen. Er hat Wünsche, doch wenn er danach handeln will, fühlt er sich blockiert. Er ist es leid, immer wieder steckenzubleiben und nicht weiterzukommen. Da fällt ihm ein Kollege ein, der ihm von seiner Therapie erzählt hat. Ob das eine Möglichkeit ist?

Ellen (31) Jahre, ledig, allein lebend) steht an der Haltestelle und wartet auf ihre Straßenbahn. Sie bemerkt einen ca. 40-jährigen Mann, der in ihrer Nähe stehenbleibt und sie ansieht. Er gefällt ihr, und sie wünscht, ihn kennenzulernen. Als sie merkt, wie ihr das Blut ins Gesicht schießt, schaut sie weg. Sie denkt: „Warum spricht er mich nicht an? Ich hätte den alten Mantel nicht anziehen sollen. Sicher sehe ich häßlich aus. Soll ich ihn ansprechen? Dann hält er mich für ein Flittchen. Und die Leute werden mich anstarren."

Als Herbert weitergeht, schaut sie ihm hinterher. Doch er sieht sich nicht mehr um. In der Straßenbahn putzt sie sich die Nase, damit die Leute nicht merken, daß sie weint. Zu Hause ruft sie ihre Schwester Gerda an, die Sozialarbeiterin ist. Ellen klagt, daß sie es leid ist, weiterhin so isoliert zu sein. Gerda tröstet und ermutigt sie, hat jedoch nicht den Eindruck, der Schwester damit entscheidend zu helfen. Dann nennt sie ihr die Telefonnummer einer Therapeutin.

Grundlagen und Grundannahmen

Die *klassische Gestalttherapie* wurde in den vierziger Jahren von dem deutschen Psychiater und Psychoanalytiker Fritz Perls (1893-1970) in Zusammenarbeit mit der Gestaltpsychologin und Psychoanalytikerin Laura Perls und dem Sozialphilosophen Paul Goodman in den USA entwickelt. In der Bundesrepublik Deutschland verbreitete sich der Ansatz in den siebziger Jahren mit dem Aufbau verschiedener Ausbildungsinstitute. Durch zahlreiche Veröffentlichungen und Projekte trug insbesondere Hilarion Petzold dazu bei, daß die Gestalttherapie auch in Europa zu einem anerkannten Therapieverfahren wurde. Er förderte die theoretische und methodische Weiterentwicklung der Gestalttherapie zur *Integrativen Therapie*.

Indem Perls verschiedene therapeutische, psychologische und philosophische Ansätze aufgriff und in seiner Arbeit vereinigte, wurde die Gestalttherapie ein breitgefächertes Verfahren, das entsprechend den vielfältigen Quellen aus unterschiedlichen Blickwinkeln (Perspektiven) beschrieben werden kann:

Die Kraft unerledigter Aufgaben – die tiefenpsychologische Perspektive

Ebenso wie die Psychoanalyse ist die Gestalttherapie ein tiefenpsychologisch begründetes Verfahren, d.h.

es wird angenommen, daß unser Erleben und Verhalten auch von Kräften beeinflußt wird, die uns nicht bewußt sind. Während Psychoanalytiker von „verdrängten" und damit „unbewußten" Konflikten sprechen, verwenden Gestalttherapeuten auch die Bezeichnung *unerledigte Geschäfte* für Aufgaben und Probleme, die in der Vergangenheit nicht abschließend gelöst werden konnten und vergessen wurden. Das Unerledigte wirkt jedoch wie eine Kraft, die unser gegenwärtiges Erleben und Verhalten stört, so daß entwicklungsfördernde neue Erfahrungen beeinträchtigt werden. Gelingt es in einer Therapie, die problematische Vergangenheit zu erinnern, wiederzubeleben und zu verarbeiten, können die unerledigten Aufgaben abgeschlossen und neue Erfahrungen unbeschwerter gemacht werden.

Sie erinnern sich an Herbert, der eine Chance verpaßt, indem er die Frau, die er kennenlernen möchte, nicht anspricht. Was ist da geschehen? Ein Mann, der sehen, gehen und sprechen kann, scheint unfähig, das zu tun, was er möchte. Natürlich weiß er, daß die Frau ihn körperlich weder angreifen, noch verletzen wird. Dennoch verhält er sich so, als ob er derartiges zu befürchten hätte. Er hat den Eindruck, daß eine Kraft ihn festhält und daran hindert, das zu tun, wozu er Lust hat. Und er leidet darunter, nicht zu verstehen, warum er diese scheinbar sinnlosen Ängste hat. Wir wissen, daß er verheiratet war. Doch wie kam es zur Scheidung? Ist da etwas *unerledigt* geblieben, vielleicht Kränkungen, die nicht verarbeitet wurden und heute noch wirksam sind, die sich als Ängste melden, wenn Herbert eine Frau kennenlernen möchte? Könnte es sein, daß eine Ablehnung bei ihm eine alte Wunde aufreißt, die noch nicht verheilt ist?

Dies sind Themen, die unter tiefenpsychologischer Perspektive in einer Gestalttherapie aufgegriffen werden.

Körper – Seele – Geist – die ganzheitliche Perspektive

Die Gestalttherapie ist ein ganzheitlich orientiertes Verfahren. Der Mensch wird nicht allein als „Symptomträger" bzw. als die Summe einzelner Probleme betrachtet, sondern als untrennbare *Körper-Seele-Geist-Einheit*. Was heißt das?

Nehmen wir an, Herbert kommt zu einem Gestalttherapeuten, klagt über seine Einsamkeit und berichtet seine Enttäuschung an der Straßenbahnhaltestelle. Der Therapeut[1] interessiert sich nicht nur für die Kontaktschwierigkeiten. Er möchte auch erfahren, wie die problematische Situation *körperlich* erlebt wird (z.B. Herzklopfen, weiche Knie, zugeschnürte Kehle), ob und wie Herbert seinen Körper wahrnimmt (mögen, ablehnen), und wie er mit seinem Körper umgeht (Ernährung, Bewegung, Schädigungen z.B. durch Suchtmittel).

Bei der Frage nach den *seelischen bzw. psychischen* Aspekten geht es in erster Linie um die beteiligten Gefühle: Aufregung, Begehren, Angst, Scham, Schmerz, Ärger, Trauer, Verzweiflung. Der Therapeut möchte wissen, wie Herbert mit diesen Gefühlen umgeht (z.B. zulassen, ausleben, abblocken, dämpfen), und welchen Einfluß sie auf ihn haben (z.B. ob sie ihn bewegen, etwas zu verändern).

---

1 Richtig müßte es heißen: der/die Therapeut/in. Da der Text jedoch leicht lesbar sein sollte, habe ich mich für die traditionelle Schreibweise entschieden.

Bei den *geistigen* Aspekten der Person handelt es sich darum, wie Herbert sein Verhalten und die Situation bewertet, was er denkt, erhofft, befürchtet, plant. Wie glaubt er, auf andere zu wirken? Was denkt er darüber, wie andere ihn sehen? Welche Erwartungen vermutet er bei den anderen? Welche Vorstellungen und Ziele hat er? Welche Vorlieben, Einstellungen oder Ideen? Woran glaubt er?

Während sich die klassische Gestalttherapie (Perls) auf die körperlichen, seelischen und geistigen Prozesse konzentriert, die *hier und jetzt* in einer gegenwärtigen Therapiesituation bedeutsam sind, wird die Ganzheitlichkeit in der Integrativen Therapie (Petzold) weiter gefaßt. Um einen Menschen zu verstehen, ist seine Einbettung in seine Lebenszeit und Lebenswelt zu berücksichtigen. Fragen, die hier interessieren, sind z.B.: In welcher Zeit ist der Klient aufgewachsen (Krieg, Nachkriegszeit, Wirtschaftswunder, Computerzeitalter)? Wie sieht er seine Familiengeschichte? Wie seine Schulzeit, Studienzeit, Lehrzeit? Was erhofft oder befürchtet er von der Zukunft? Welche Lebenspläne hat er? Welche Beziehungen hat er zu seinen Verwandten, Freunden, Kollegen, Nachbarn oder zu seinem Partner? Wie lebt und wohnt er? Ist er mit seiner Arbeit zufrieden? Wie gestaltet er seine Freizeit? Wie bewertet er die Zerstörung der Umwelt?

Die Gestalttherapie ist nicht nur ganzheitlich orientiert, um den Menschen in seiner Welt besser zu verstehen. Sie ist auch bemüht, die Ganzheit dort wiederherzustellen, wo sie nicht gelebt werden kann.

Ein Mensch, der nicht in der Lage ist, seine Gefühle wahrzunehmen und auszudrücken oder seine Fähigkeiten zu erkennen und anzuwenden, nutzt nur einen Teil der ihm gegebenen Lebenschancen. Indem die Gestalttherapie den Zugang zu den ungenutzten Möglichkeiten erleichtert, wirkt sie im Sinne einer ganzheitlichen Zielsetzung.

Wahrnehmung und Verhalten – die gestalttheoretische Perspektive

Um menschliches Verhalten zu verstehen, ist es wichtig, zu wissen, wie wir die Welt mit unseren Sinnen erfahren. Die Gestaltpsychologen, die sich damit beschäftigt haben, waren Phänomenologen, d.h. Anhänger der „Lehre von den Erscheinungen". Sie interessierten sich nicht für die Beschaffenheit der physikalischen, sondern für die der *phänomenalen Welt,* also dafür, wie uns das, was ist, erscheint, wie wir die Realität wahrnehmen (sehen, hören, ertasten etc.).

Nehmen wir Herbert und Ellen als Beispiel. Er sieht sie und bleibt stehen. Er fühlt sich aufgefordert, berührt und befangen. Sie gefällt ihm. Sie paßt zu seiner Sehnsucht nach menschlicher Nähe, löst aber auch Angst aus. Sicher sind andere Männer und Frauen am gleichen Tag an ihr vorbeigegangen. Doch A mußte zu einer Verabredung und hatte keine Zeit. B fand sie nicht anziehend oder interessant und wollte sie gar nicht ansprechen. C hatte Zahnschmerzen und konnte sich um nichts anderes kümmern. Ja, und wenn D vorbeigekommen wäre, hätte er (oder sie) Ellen vielleicht anziehend, nicht aber beängstigend gefunden und sie angesprochen. Ellen blieb jedoch immer die gleiche. Oder doch nicht? Nicht Ellen bestimmt das unterschiedliche Verhalten der Männer und Frauen, sondern entscheidend ist, ob und wie sie von diesen wahrgenommen wird.

Um uns besser zurechtzufinden, nehmen wir unsere Welt so wahr, daß für uns sinnvolle Einheiten entstehen. Vor mir ist also keine bloße Ansammlung von Holz, Porzellan, Papier und Plastik, sondern ein Tisch, eine Tasse, mehrere Bücher und eine Uhr. Es handelt sich um *Gestalten,* die sich von einem Grund abheben.

Eine Gestalt ist mehr und etwas anderes als die Summe ihrer Teile. So ist ein Roman etwas anderes als nur eine beliebige Ansammlung beschriebener Seiten, eine Melodie etwas anderes als nur eine beliebige Aneinanderreihung von Tönen, eine menschliche Beziehung etwas anderes als nur eine Kette von Begegnungen, ein Leben etwas anderes als nur eine Summe von Situationen.

Nicht nur Gegenstände werden als Gestalten wahrgenommen, sondern alles Erfahrbare kann zur Gestalt werden: ein Tag, ein Urlaub, eine Ausbildung, ein Mensch, ein Leben, eine Begegnung, eine Beziehung, ein Gefühl, eine Erinnerung, eine Aufgabe usw.

Die Wahrnehmung einer Gestalt folgt dem *Figur-Grund-Prinzip. Figur* ist das, worauf unsere Wahrnehmung gerichtet ist, was sich in den Vordergrund drängt und unsere Aufmerksamkeit auf sich zieht. Die Figur hebt sich von einem (Hinter-)*Grund* ab, der sie zur Geltung bringt, ihr als Rahmen, Grundlage oder Kontext dient und ihr Bedeutung verleiht: Herberts Herzklopfen in der Situation an der Haltestelle, die Situation an der Haltestelle als Erfahrung in Herberts Leben, Herberts Leben in dieser Welt. Was wir als Figur, was als Grund wahrnehmen, ist weitgehend eine Frage des Blickwinkels, den wir wählen. Unser Erleben der Geschehnisse kann als eine ununterbrochene Kette von Figur-Grund-Bildungen angesehen werden.

So will Ellen auf dem Nachhauseweg einen Brief einwerfen. Sie sucht einen Briefkasten, der in ihrer Vorstellung zur Figur wird. Alles andere kümmert sie momentan weniger und gehört damit zum Hintergrund. Als sie einen Briefkasten entdeckt, wirft sie den Brief ein. Damit verliert der Briefkasten augenblicklich seine besondere Bedeutung und wird in Ellens Wahrnehmung von der Figur zu einem Teil des Hintergrundes. Nun will sie zur Straßenbahnhaltestelle, die als neue Figur ihr Verhalten ausrichtet. Dort angekommen, wartet sie auf die Bahn, die zur neuen Figur wird, während die Haltestelle nun zum Hintergrund gehört. Plötzlich bemerkt sie Herbert. Die Bahn ist sofort vergessen, und der fremde Mann, der sie interessiert, wird in ihrer Wahrnehmung zu einer beherrschenden Figur, die bei ihr starke Gefühle auslöst. Sie möchte ihn ansprechen, doch da drängt sich die Angst auf, die sie ausfüllt, bis sie sich abwendet. In der Bahn tritt die Angst in den Hintergrund, abgelöst von der Traurigkeit, die nun im Vordergrund steht. Da Ellen nicht möchte, daß andere ihre Tränen sehen, putzt sie sich die Nase. Die anderen Fahrgäste sind demnach nicht völlig in den Hintergrund aufgegangen, bleiben wirksam und beeinflussen Ellens Verhalten. So kämpfen zwei Gefühle in Ellen, zwei Figuren: ihre Traurigkeit und ihre Scham.

Unser Verhalten neigt zur Bildung möglichst guter Gestalten *(Prägnanztendenz)*. Ein schief hängendes Bild möchten wir geradehängen, einen störenden Fleck entfernen, eine unerledigte Aufgabe vollenden, eine offene Situation abschließen und ein ungelöstes Problem klären. Tun wir das nicht, bleibt eine Spannung zurück, die unser künftiges Erleben und Verhalten stört.

Herbert und Ellen unterlassen es, sich anzusprechen, obwohl sie sich kennenlernen möchten. Weil sie ihre Chance nicht nutzen, bleibt ungeklärt, was geschehen wäre, wenn sie sich angesprochen hätten. Daraufhin findet Herbert keine Ruhe und ärgert sich. Ellen ist traurig und verzweifelt. Indem beide nun jeweils mit einem Dritten Kontakt aufnehmen, sich aussprechen und Rat holen, tun sie etwas, um ihre Einsamkeit zu klären, erträglicher zu machen oder gar aufzulösen (z.B. im Rahmen einer Therapie). Sie wollen eine unerledigte Aufgabe abschließen und handeln damit im Sinne der Prägnanztendenz.

Das, was wir wahrnehmen, erleben, erfahren oder spüren, ist das, was für uns *gegenwärtig* und *wirklich* ist. Und wirklich ist das, was *hier und jetzt* wirkt und damit unser Verhalten beeinflußt. Die Vergangenheit bestimmt nur dann unser Verhalten, wenn sie als Gewordenes oder Gespeichertes in Form von Erfahrungen, Einstellungen, Gewohnheiten oder Erinnerungen gegenwärtig ist. Die Zukunft kann uns nur beeinflussen, wenn sie von uns als Erhofftes, Befürchtetes oder Geplantes gegenwärtig wahrgenommen wird.

Herbert und Ellen sprechen sich nicht an, weil sie
Angst vor den Folgen haben. Dies hindert sie daran, das
zu tun, was sie wünschen. Die wahrgenommene Angst
ist für sie die gegenwärtige Wirklichkeit, die ihr Verhalten in dieser Situation bestimmt.

Der weise Organismus –
die biologische Perspektive

Wie andere Lebewesen ist auch der Mensch ein Organismus, dessen Aufgabe es ist, sich selbst und seine
Art zu erhalten und sich zu entwickeln. Um dies zu
ermöglichen, stehen Organismus und Umwelt im
wechselseitigen Austausch, wie z.B. bei der Atmung
oder Ernährung. In jeder Situation bilden Organismus
und Umwelt gemeinsam ein strukturiertes und dyna-
misches Ganzes bzw. eine Gestalt, die *Organismus-
Umwelt-Feld* genannt wird.

Herberts Verhalten an der Haltestelle können wir nur
verstehen, wenn wir das gesamte Organismus-Umwelt-
Feld berücksichtigen: Herbert, ein Organismus mit einer
ihm eigenen Entwicklungsgeschichte und gegenwärtigen
Bedürfnissen, Gefühlen und Gedanken sowie Herberts
Umwelt in der gegebenen Situation. Dazu gehören
Ellen, eine Frau mit einer besonderen Anziehung für
Herbert, und die anderen Personen, die ebenfalls auf die
Bahn warten und die beiden sehen (gesellschaftliche
Öffentlichkeit). Weiterhin ist zu berücksichtigen, daß die
Szene in einer heutigen Großstadt spielt, in der es nicht
üblich ist, daß Menschen, die sich kennenlernen möchten
und keine Kinder mehr sind, sich gleich ansprechen (ge-
sellschaftliche Normen).

Um sich zu erhalten und zu entwickeln, muß der
Organismus seine Bedürfnisse befriedigen. Da er von

sich aus weiß, was er hierzu benötigt, kann er zwischen dem, was ihm nutzt und was ihm schadet, unterscheiden. So reguliert der „weise" Organismus sich selbst *(Selbstregulation)*. Wenn er Hunger hat, sucht er Nahrung. Wenn er friert, sucht er Wärme. Bei der Selbstregulation befriedigt er immer das für ihn wichtigste gegenwärtige Bedürfnis, während alle anderen Bedürfnisse zunächst zurückgestellt werden, bis das jeweils bestehende Ungleichgewicht durch Bedürfnisbefriedigung ausgeglichen ist.

Indem Herbert darauf verzichtet, Ellen anzusprechen, zeigt er, daß sein Bedürfnis, Angst zu vermeiden, gegenwärtig größer ist als sein Bedürfnis nach menschlicher Nähe. Doch wie „weise" ist der Organismus „Herbert", wenn er auch das vermeidet, was er wünscht und offensichtlich braucht? Wird seine natürliche Selbstregulation gestört, indem er sich unnötige Gedanken macht (Befürchtungen, Vermutungen)? Vielleicht handelt er jedoch klug, der Situation zu entfliehen, weil er ahnt, eine mögliche Absage nicht verarbeiten zu können? Da Herbert sich selbst weder trösten, noch aufmuntern kann und keine Freunde hat, die ihm in einer Krise beistehen, wäre es denkbar, daß er sich in seiner Verzweiflung betrinkt oder gar an Selbstmord denkt. Also handelt der Organismus doch „weise", indem er sich für die Flucht entscheidet. Trotzdem ist etwas nicht in Ordnung, wenn der Organismus allein mit der Selbsterhaltung so sehr beschäftigt ist, daß er neuen Erfahrungen aus dem Wege geht. Damit verzichtet er auf Lebendigkeit und Entwicklung, um zu überleben. Aber der Organismus meldet sich wieder: Herbert spürt, daß etwas nicht in Ordnung ist, und ärgert sich. Aufgrund dieser neuen Lebendigkeit findet er den Mut, etwas zu unternehmen, um sein Problem zu lösen.

Das, was der Organismus braucht, um leben und wachsen zu können, ist nicht nur körperliche, sondern auch seelische und geistige *Nahrung,* nicht nur Essen, Trinken und Sexualität, sondern auch Liebe und Wissen.

Um die Nahrung zu verdauen, zerkleinern wir sie. Damit passen wir sie unserem Organismus an, so daß sie ein Teil von ihm wird *(Assimilation/Integration).* Was wir nicht verwerten können, scheiden wir aus und geben es wieder an die Umwelt zurück, damit es künftige Verdauungsprozesse nicht stören kann.

Mit diesem Kreislauf der Bedürfnisbefriedigung *(Kontaktzyklus),* der den Weg vom *Hunger* zur *Sättigung,* vom Ungleichgewicht zum Gleichgewicht, umfaßt, kann nicht nur die Aneignung und Verarbeitung körperlicher, sondern auch die seelischer und geistiger Nahrung beschrieben werden.

Während wir mit unseren Sinnen die Umwelt wahrnehmen, wirken wir mit unseren Handlungen auf die Umwelt ein, um sie im Sinne unserer Bedürfnisse und deren Befriedigung zu beeinflussen.

Die Grenze, die deutlich wird, wenn der Organismus mit seiner Umwelt Kontakt herstellen möchte und die Reaktion der Umwelt nicht genau vorhergesagt werden kann, wird *Kontaktgrenze* genannt. An dieser Kontaktgrenze, die sowohl Kontakt und Berührung als auch Abgrenzung und Getrenntsein vermittelt, spielen sich die seelischen Vorgänge ab, die die Bedürfnisbefriedigung begleiten. Sie äußern sich in unseren Gefühlen wie z.B. Neugier, Begehren, Angst oder Schrecken. Die Gefühle zeigen uns an, daß wir mit dem, was außerhalb von uns ist, in Berührung sind. An der Kontaktgrenze spüren wir uns selbst. Hier fühlen wir am deutlichsten, daß wir leben und lebendig sind.

Herbert sieht Ellen. Er empfindet Interesse, Neugier, vielleicht Begehren, dann Angst. Er spürt sich, sein starkes Herzklopfen, seine zugeschnürte Kehle, seine weichen Knie. Er ist zwar nicht im direkten Kontakt mit Ellen, aber im Kontakt mit seiner Umwelt, mit der gegenwärtigen Situation, die für ihn von Ellen bestimmt wird. Der Organismus „Herbert" befindet sich an der Kontaktgrenze zu seiner Umwelt. Herbert fühlt sich von Ellen sowohl innerlich berührt als auch getrennt. Anstatt auf Ellen zuzugehen und sie anzusprechen, flieht er aus der Situation, um seine Angst zu vermindern. Er war an der Grenze, konnte sie jedoch nicht überwinden. Er verzichtet auf Handlungen, mit denen er seine Umwelt, also Ellen, beeinflussen könnte, um sein Bedürfnis nach Nähe zu befriedigen. Möglicherweise vermeidet er neue Erfahrungen, die ihm gefährlich erscheinen, weil er kränkende Erfahrungen früherer Kontakte noch nicht verdaut hat oder über zu wenig gegenwärtige Hilfen *(Stützen)* verfügt, die neue Verletzungen in ihrer Wirkung mildern könnten. Wer das Risiko von Kontakten eingehen möchte, um sich durch neue Erfahrungen weiterzuentwickeln, benötigt Selbstbewußtsein oder Freundschaften (innere oder äußere Stützen), um mögliche Enttäuschungen verarbeiten zu können. Therapie kann eine äußere Stütze sein und dazu beitragen, innere Stützen zu entwickeln.

Mensch-Sein in der Welt (Menschenbild)
– die existentialistische Perspektive

Indem die Gestalttherapie dazu beiträgt, unser allgemeines sowie auch persönliches Mensch-Sein in der Welt besser zu verstehen, kann sie als existentielles Therapieverfahren angesehen werden.

Der Mensch wird als ein Wesen betrachtet, das in die Welt und in die Gemeinschaft alles Lebendigen eingebunden ist. Isolation und Einsamkeit ist nicht die ursprüngliche Form seines Daseins. Vielmehr orientiert er sich an den anderen und ist wechselseitig auf sie bezogen. Um leben zu können, braucht er die anderen, wie sie ihn brauchen. Sein Grundgefühl, mit dem er geboren wird, ist das *Vertrauen,* hier in dieser Welt zu Hause zu sein, dazuzugehören und ein Recht auf dieses Leben zu haben. Fühlt er sich von den anderen nicht angenommen, kann sein Grundvertrauen so stark beschädigt werden, daß sein Leben infolgedessen von Angst, Isolation und Entfremdung gekennzeichnet ist. Es besteht jedoch die *Hoffnung,* diesen Zustand mit Hilfe anderer Menschen, die ihn wertschätzen, zu überwinden.

Der erwachsene Mensch ist dazu bestimmt und in der Lage, seine Handlungen zu wählen und zu verantworten *(Selbstverantwortlichkeit)* sowie sich selbst zu verwirklichen *(Selbstverwirklichung)*. Das ist möglich, wenn er in wacher Bewußtheit lebt und aktiv am Leben teilnimmt, um seine Bedürfnisse zu befriedigen und neue Erfahrungen zu machen. Er entwickelt sich von Erfahrung zu Erfahrung, bis er zu dem Menschen wird, der er ist.

Was heißt das?
Während kein Elefant versuchen würde, sich in die Lüfte zu erheben, um zu fliegen, und kein Fisch sich an Land begeben würde, um auf Wanderschaft zu gehen, rackert sich der Mensch immer wieder damit ab, so zu werden, wie er nicht sein kann. So kämpft er z.B. erfolglos gegen seinen Körper, um mit Hilfe zahlreicher Diäten abzunehmen. Er stellt sich vor, wie er gern wäre oder wie andere ihn gern hätten, ohne zu beachten, was das ihm Gemäße ist. Sich selbst zu finden bzw. zu verwirklichen, heißt, daß ein individueller Mensch seinen ihm gemäßen Weg findet. Er nimmt Abschied von seinen Illusionen, erkennt seine Grenzen und akzeptiert sich so, wie er ist. Dann kann er in Frieden mit sich leben und darauf verzichten, so werden zu wollen, wie er oder andere glauben, daß er sein sollte.

Um jedoch zu dem zu werden, der er ist, und somit seine *Identität* zu finden und anzunehmen, braucht der Mensch die Auseinandersetzung mit den anderen Menschen, die nicht so sind wie er, ihn aber dennoch berühren (körperlich, seelisch und geistig).

Das „Gestalt-Gebet"

1966 formulierte Perls sein „Gestalt-Gebet", das ihn nicht nur berühmt, sondern auch berüchtigt machte:

„Ich tu, was ich tu;
und du tust, was du tust.
Ich bin nicht auf der Welt,
um nach deinen Erwartungen zu leben,
und du bist nicht auf der Welt,

um nach den meinen zu leben.
Du bist du, und ich bin ich,
und wenn wir uns zufällig finden, - wunderbar.
Wenn nicht, kann man auch nichts machen."

Kritiker der Gestalttherapie greifen die Selbstbezogenheit, die in diesem „Gebet" zum Ausdruck
kommt, an. Für sie gilt die Gestalttherapie als Egotrip,
bei dem die Erfüllung eigener Bedürfnisse im Vordergrund steht. Gestalttherapeuten, die sich mit dieser
Kritik auseinandergesetzt haben, weisen darauf hin,
daß für Perls der Mensch immer auf andere bezogen
ist. So schrieb er einige Jahre später (1969):

„Erst muß ich mich finden,
um dir begegnen zu können.
Ich und Du, das sind die Grundlagen zum Wir,
und nur gemeinsam können wir das Leben
in dieser Welt menschlicher machen."

Die Selbstbezogenheit im Gestalt-Gebet wird verständlich, wenn wir sowohl die Zeitumstände der Ver-
öffentlichung als auch die Persönlichkeit des Autors
berücksichtigen.

In den USA und in Europa waren die späten sechziger Jahre durch den Protest gegen Autoritäten (Gesellschaft, Staat, Kirche, Schule, Familie, etc.) gekennzeichnet. So galt es als verpönt, Erwartungen –
von welcher Seite auch immer – zu erfüllen. Anpas-
sung war out, Selbstverwirklichung war in.

Wenn in einer solchen Zeit jemand in Abhebung von christlichen Normen zum „Gebet" aufruft: „Ich bin nicht auf der Welt, um nach deinen Erwartungen zu leben!", kommt der Beifall nicht überraschend. Doch mit der Begeisterung für einen neuen „Guru" (und Perls wurde als ein solcher angesehen) wurde wieder eine Autorität errichtet und eine alte Abhängigkeit in eine neue eingetauscht.

Perls verstand seine Gestalttherapie nach dem Grundsatz: *Ich und Du im Hier und Jetzt.* Er interessierte sich vor allem für die gegenwärtige Begegnung zweier Menschen (z.B. Therapeut und Klient) und weniger für die Entwicklung einer überdauernden Beziehung. Unter Gestalttherapeuten ist es kein Geheimnis, daß Perls selber eher begegnungs- als beziehungsfähig war, d.h. er war meisterhaft in der Lage, anderen Menschen kurzfristig einfühlsam (und oft auch frustrierend) zu begegnen, hatte jedoch Schwierigkeiten, Beziehungen zu einzelnen Menschen (Therapeuten, Klienten, Frauen) über längere Zeit aufrechtzuerhalten. Vielleicht mag ein Grund dafür darin liegen, daß er sich oftmals weigerte, an ihn gerichtete Erwartungen zu erfüllen?

Wenn Perls schreibt: „Erst muß ich mich finden, um dir begegnen zu können", stellt sich die Frage, ob es nicht richtiger heißen müßte: „Erst muß ich dir begegnen, um mich finden zu können." Gibt es eine Selbstfindung ohne den anderen? Wie meint Perls das? Er sagt: „Laß das Denken und komm zu deinen

Sinnen!" Erst wenn wir in der Lage sind, die Menschen mit unseren Sinnen ohne Vorurteile und Illusionen wahrzunehmen, können wir dem anderen frei von Selbsttäuschungen begegnen und ihn so erkennen, wie er wirklich ist. Erst dann wären wir frei, den anderen nicht mehr so sehen zu müssen, wie wir ihn gern hätten, oder so, wie wir befürchten, daß er sein könnte.

Doch wie kommen wir dahin, die Welt und die anderen Menschen nicht durch eine Brille voller Vorurteile und Illusionen, sondern unverzerrt wahrzunehmen? Therapie kann ein Weg sein, dies zu lernen und begegnungsfähig zu werden. In der Begegnung mit dem Therapeuten lernt der Klient, sich zu finden und dadurch begegnungsfähig zu werden.

In der Weiterentwicklung der klassischen Gestalttherapie zur Integrativen Therapie geht es Petzold nicht nur um die *Selbsterfahrung im Hier und Jetzt,* sondern auch um das *Verstehen unseres Mensch-Seins in der Welt* durch Rückgriff auf das Dort und Damals, d.h. die Kenntnis der Vergangenheit trägt dazu bei, die Gegenwart besser zu verstehen.

Während bei Perls das „Zu-sich-selber-Kommen" im Vordergrund steht, betont Petzold das „Zum-anderen-Kommen". Hierzu sind nicht nur der *Kontakt* und die *Begegnung,* sondern auch die *Beziehung* zum anderen wichtig.

Die Möglichkeit und Fähigkeit, Kontakte einzugehen, ist die Voraussetzung der Begegnungs- und Beziehungsfähigkeit.

Ein *Kontakt* wäre, wenn Herbert Ellen anspricht und sich mit ihr über das Wetter unterhält. Als die Bahn kommt, beenden sie ihr Zusammentreffen und trennen sich wieder.

In der *Begegnung* erfahren zwei Menschen mehr voneinander als sie sehen:

Herbert und Ellen sitzen beim gemeinsamen Essen und erzählen sich aus ihrem Leben. Sie interessieren sich füreinander und stellen fest, daß sie sich mögen. Sie berühren sich (körperlich, seelisch und geistig) und freuen sich, zusammen zu sein. Sie verstehen sich und möchten sich wiedersehen.

In der *Beziehung* sind zwei Menschen bereit, sich immer wieder zu begegnen. Sie sind miteinander vertraut. Sie fühlen sich nicht nur für sich selbst, sondern auch für den anderen verantwortlich. Der eine sorgt sich um den anderen:

Herbert und Ellen beschließen, ihr Leben gemeinsam zu verbringen. Wenn nötig, trösten sie sich gegenseitig, muntern sich auf, pflegen sich bei Krankheiten, freuen sich gemeinsam über Erfolge. Sie setzen sich auseinander, streiten und versöhnen sich.

Während Perls der Ansicht war, daß jeder nur für sich selbst und keiner für einen anderen verantwortlich sein kann, weist Petzold darauf hin, daß der Mensch eben nicht nur für sich selbst, sondern auch für den anderen und seine Welt verantwortlich ist *(Liebe/Engagement)*. „Du bist zeitlebens für das verantwortlich, was du dir vertraut gemacht hast", sagt der Fuchs zum kleinen Prinzen in dem Märchen von Saint-Exupéry.

Erst in der Beziehung zum anderen lernen wir unser Mensch-Sein verstehen *(Sinnfindung)*. Auf dem Weg vom Gegeneinander über das Miteinander zum Füreinander wird der Mensch beziehungs- und liebesfähig. So muß er andere Menschen zur Erfüllung seiner Bedürfnisse nicht mißbrauchen oder gebrauchen. Er muß den anderen nicht *haben* und besitzen, sondern er ist fähig, mit dem anderen zum Wohle beider zu *sein*, und zwar nicht nur kurzfristig, sondern dauerhaft.

Gelangt der Mensch an diesen Punkt seiner Entwicklung, wird er sich selbst nicht mehr so wichtig nehmen und ahnen, daß es außer ihm noch etwas Größeres gibt, das er mit seinen Sinnen nicht mehr erfassen kann *(Transzendenz)*.

Bewußtheit heilt –
die Perspektive fernöstlicher Lebenshaltungen

Einige Grundannahmen der Gestalttherapie entsprechen fernöstlichen Lebenshaltungen (z.B. Zen-Buddhismus und Taoismus):

– das Leben als Weg zunehmender Selbstverwirklichung,
– Ermöglichung der natürlichen Selbstregulation durch Konzentrierung der Bewußtheit auf das Hier und Jetzt,
– Loslassen der Gedanken, die sich auf Vergangenes oder Zukünftiges richten,
– Akzeptieren von Erfahrungen im Gegensatz zum Analysieren und Verändern,
– Finden einer Mitte durch Versöhnung der Gegensätze.

Ein grundlegender Begriff der Gestalttherapie ist die *wache Bewußtheit* (Awareness). Damit ist die aufmerksame Wahrnehmung dessen gemeint, *was* hier und jetzt gegeben ist, und *wie* es erlebt wird. Was wir mit unseren Sinnen unmittelbar erfassen, ist immer gegenwärtig und somit für uns wirklich (Perls: *Bewußtheit = Erfahrung = Gegenwart = Wirklichkeit*). Ohne Bewußtheit gibt es keine Unterscheidung zwischen Organismus und Umwelt, somit auch keinen Kontakt, keine Erfahrung und keine Entwicklung. Bewußtheit bedeutet einerseits In-Kontakt-Sein mit dem, was außerhalb von uns passiert *(äußere Bewußtheit),* und andererseits In-Kontakt-Sein mit dem, was in uns vorgeht *(innere Bewußtheit).* Wenn wir diesen direkten Kontakt vermeiden, indem wir auf Gedanken, Phantasien, Befürchtungen oder Wunschträume ausweichen *(Zwischenzone der Bewußtheit),* verlieren wir den Zugang zu unseren Bedürfnissen. Lassen wir jedoch in wacher Bewußtheit zu, was hier und jetzt ist, werden unsere Bedürfnisse deutlich. Sie heben sich vom Hintergrund ab, werden zur Figur und nehmen Gestalt an. Da wir nun spüren, was wir brauchen, kann unsere natürliche Selbstregulation fließen: Bewußtheit heilt!

Was wäre geschehen, wenn Herbert gegenüber Ellen in wacher Bewußtheit und damit im Hier und Jetzt geblieben wäre? Er sieht, daß Ellen schön ist (äußere Bewußtheit) und freut sich darüber (innere Bewußtheit). Er bleibt im gegenwärtigen Kontakt mit ihrer Schönheit und seiner Freude. Er will sie nicht kennenlernen und

nicht *haben* (keine Gedanken an zukünftige Möglichkeiten = Zwischenzone), sondern er kann *sein*, wie er ist,
ohne etwas ändern zu müssen. Daher macht er sich
auch keine Sorgen, ob sie ihn abweisen könnte, was
die anderen Leute denken könnten, ob er sich schämen
müßte und rot werden könnte. Er genießt einfach, was ist.
Da er nicht daran denkt, was sein könnte, hat er keine
Angst, kein Herzjagen, keine weichen Knie, keine zugeschnürte Kehle. Er freut sich und ist entspannt. Sein Blick
ist weder aufdringlich, noch unsicher. Ellen fühlt sich
weder bedrängt, noch verunsichert. Daher sieht sie nicht
weg. Nun spürt Herbert sein vordringliches Bedürfnis:
Er freut sich und möchte dieses Gefühl ausdrücken. Also
lächelt er. Und wie reagiert Ellen? Natürlich lächelt sie
zurück. Damit ist ein direkter Kontakt hergestellt, und
zwar nicht deshalb, weil Herbert es *will*, sondern weil er
einfach *zuläßt*, was gegenwärtig ist: Schönheit und
Freude. So kann die Situation abgeschlossen werden.
Die Gestalt ist prägnant und ein Kreislauf der Bedürfnis-
regulation beendet. Ein neuer Kontaktzyklus kann be-
ginnen.

Neben dem Wahrnehmen dessen, was hier und jetzt
vorhanden ist, kommt es darauf an, die Erfahrung des
Gegebenen zu akzeptieren. Erst wenn wir erkennen
und annehmen, was ist, wird eine Veränderung und
damit Weiterentwicklung möglich. Eine solche Be-
hauptung erscheint uns paradox bzw. unsinnig, denn
wie soll sich etwas ändern, wenn wir uns nicht darum
bemühen, sondern das Gegebene akzeptieren?

Es handelt sich hier um eine *Paradoxie,* d.h. eine
nicht logische, widersprüchliche, unsinnige Behaup-
tung, die auf eine höhere Wahrheit hinweist.

Wie soll Herbert seine Lebenssituation verändern können, wenn er seine Einsamkeit nicht bekämpft, sondern akzeptiert? Akzeptieren heißt natürlich nicht, daß Herbert mit Fernsehen, Alkohol und Zigaretten seine Einsamkeit zudeckt, um damit mehr schlecht als recht zu überleben. Akzeptieren heißt vielmehr, daß er seine Einsamkeit erkennt, zuläßt und annimmt, und zwar mit der Angst, die er befürchtet, mit dem Schmerz, den er vermeidet, und mit der Trauer, die dann möglich wird. Akzeptieren heißt, daß Herbert die Verantwortung für das, was ist, übernimmt. Doch anstatt seine Einsamkeit anzunehmen, kämpft er dagegen an, versucht, sie zu leugnen, und denkt darüber nach, was sein sollte oder hätte sein können. Perls: „Es ist nicht leicht, seinen Tod zu erleiden und wiedergeboren zu werden."

Um in Frieden mit uns und anderen leben zu können, müssen wir die Gegensätze, die unser Leben kennzeichnen, erkennen, akzeptieren und miteinander versöhnen. Ein Mensch ist nicht einseitig, sondern vielseitig. Er ist nicht nur gut, sondern auch böse, nicht nur stark, sondern auch schwach, nicht nur weich, sondern auch hart. Er kann als Schnittpunkt vieler solcher Gegensätze *(Polaritäten)* angesehen werden, auch wenn er sich dessen nicht immer bewußt ist.

Ellen z.B. hält sich für schwach, ängstlich und weich. Daß sie auch stark, mutig und hart sein kann oder manchmal sogar ist, nimmt sie nicht wahr. Sie hat nur zu einem Teil ihrer vielen Lebensmöglichkeiten bewußten Kontakt und nutzt damit nicht alle verfügbaren Chancen. Da sie ihre Stärke nicht wahrnimmt, benutzt sie ihre „Schwäche", um Mitleid zu erregen und sich damit Vorteile zu verschaffen. Sie spielt „ängstlich", damit sie nicht angegriffen wird, und gibt sich „weich", um nicht zu sehr gefordert zu werden. Wenn sie erkennt und akzeptiert, daß sie durchaus auch stark, mutig und hart sein kann, werden ihre „Spielchen", mit denen sie ihr Überleben sichert, überflüssig. Indem sie die Verantwortung für ihre Vielseitigkeit (Ganzheit) übernimmt, gewinnt sie ihre Mitte und damit ihren Schwerpunkt, aus dem heraus sie ohne „Spielchen" leben kann *(Zentrierung)*.

Den anderen erscheint Ellen dann reifer und verläßlicher. Es fällt ihnen leichter, sie ernstzunehmen. Ellen kann wählen und frei entscheiden, was die jeweilige Situation erfordert: schwach oder stark zu sein, ängstlich oder mutig, weich oder hart.

In der Gestalttherapie erleichtert der Therapeut dem Klienten, die nicht bewußt gelebten Möglichkeiten seiner Person zu erkennen, mit ihnen in Kontakt zu kommen und sich mit ihnen zu identifizieren, d.h. sie als eigene anzunehmen.

„Leben heißt wachsen" – die Perspektive der Humanistischen Psychologie

Ebenso wie das Psychodrama und die Gesprächspsychotherapie gehört auch die Gestalttherapie zu den Verfahren der Humanistischen Psychologie. Diese setzte sich in den sechziger Jahren kritisch mit psychoanalytischen und verhaltenstherapeutischen Ansätzen auseinander. Sie orientiert sich an Vorstellungen vom „gesunden" Menschen, der sich durch Ganzheitlichkeit, Selbstverantwortlichkeit, Humanität und Entwicklungsfähigkeit auszeichnet.

Psychotherapie gilt nicht mehr nur als eine Möglichkeit, „Krankheiten" zu heilen oder Probleme zu lösen, sondern auch als ein Weg, die individuelle Entwicklung zu fördern. Nicht zuletzt kann sie als „Therapie für Gesunde" eingesetzt werden, die lernen möchten, ihre Erlebens- und Verhaltensmöglichkeiten besser zu erkennen und zu nutzen. Die Gestalttherapie geht davon aus, daß Wachstum ein lebenslanger Prozeß ist. Solange wir in der Lage sind, Neues zu erfahren und zu verarbeiten, werden wir uns weiterentwickeln. Es ist unsere Lebensaufgabe, unsere Fähigkeiten zu entdecken, einzusetzen und zu fördern, so daß wir von äußerer Unterstützung unabhängiger werden und lernen, uns selbst zu helfen *(Erwachsenwerden)*. Dieser Wachstumsprozeß wird von Erfolgen und Mißerfolgen begleitet. Wie bei einer liegenden *Spirale* gibt es auf dem Weg nach vorn Höhe- und Tiefpunkte. Der Fluß der Entwicklung ist einem ständigen Wandel unterworfen. Wird die Entwicklung gestört (die Spirale wird zu einem Kreis), werden wir „krank". Setzen wir die Entwicklung dort in Gang, wo sie blockiert war, dann „heilen" wir.

Entwicklung ist immer ein konfliktreiches Geschehen. Einerseits streben wir nach Veränderung, riskieren Ungewohntes und erproben Neues. Andererseits ist uns an Sicherheit gelegen, so daß wir uns an das Gewohnte und Bewährte halten. Wir fragen uns, wie die anderen reagieren, wenn wir uns ihren Erwartungen nicht fügen, sondern unseren eigenen Weg gehen, wie z.B. bei der Ablösung von den Eltern. Werden sie uns ausstoßen oder sich von uns abwenden, wenn wir uns nicht ihren Wünschen anpassen? Wie weit müssen wir bei der Selbstverwirklichung Kompromisse eingehen, um mit den anderen leben zu können und nicht zum isolierten Außenseiter zu werden?

Ellen im Erstgespräch

Ellen läßt sich von ihrer Schwester Gerda eine Therapeutin empfehlen, die an einer kirchlichen Familienberatungsstelle arbeitet, an die sich auch Einzelpersonen wenden können. Als Ellen die Beratungsstelle anruft, ist sie mit der Sekretärin verbunden, die ihr mitteilt, wann die Therapeutin telefonisch erreichbar ist. Beim zweiten Telefonat wird Ellen mit der Therapeutin verbunden. Da diese jedoch frühestens in drei Monaten wieder einen Therapieplatz anbieten kann, schlägt sie Ellen vor, zu einem Kollegen oder einer Kollegin zu gehen. Sie wolle im Team nachfragen, ob jemand einen freien Platz hat.

Da Ellen nicht mehr so lange warten möchte, ist sie einverstanden. Sie äußert den Wunsch, mit einer Frau ihre Probleme zu bearbeiten.

Einige Tage später ruft Ellen wieder an, um nachzufragen. Sie wird mit Frau N. verbunden, die mit ihr ein Erstgespräch vereinbart.

Im Erstgespräch möchte die Therapeutin Ellen und deren Lebenssituation kennenlernen. Sie erfährt:

Ellen ist jetzt 31 Jahre und lebt allein. Sie war noch nicht verheiratet, möchte jedoch eine eigene Familie. Sie hat Schwierigkeiten, den „richtigen" Mann zu finden. Die Männer, die sie mochte, waren zu alt, bereits verheiratet oder wohnten zu weit weg. Und die Männer, die zu ihr gepaßt hätten, mochte sie nicht. Ihre Mutter rät ihr, lieber allein zu bleiben, da die Männer alle nichts taugen würden. Ihr Vater hat die Familie verlassen, als sie vier war und die Mutter mit der Schwester schwanger ging. Er hat sich ins Ausland abgesetzt und gilt seither als verschollen. Gerda, ihre Schwester, ist ihre beste Freundin und lebt jetzt mit einem Mann zusammen, den sie demnächst heiraten wird. Ellen ist neidisch, daß Gerda „es geschafft hat".

Ellen arbeitet als Verkäuferin in einem Lederwarengeschäft. Die Arbeit macht ihr Spaß, doch die Kolleginnen erzählen oft von ihren Kindern und konfrontieren Ellen mit ihren unerfüllten Wünschen.

Ellen leidet unter ihrem Alleinsein. Die Wochenenden sind am schlimmsten. Es ist auch kaum möglich, abends in der Stadt allein auszugehen.

Die Therapeutin (Th.) hört interessiert und geduldig zu. Als Ellen eine Pause macht, sagt sie:

Th.: Ihre Augen sind ganz traurig, doch Ihr Mund lächelt, wenn Sie sprechen. Nach dem, was Sie mir erzählen, könnte ich mir vorstellen, daß Ihnen eher nach Weinen als nach Lachen zumute ist.

Ellen: (weint) Ich durfte nie weinen, weil ich meiner Mutter nicht zur Last fallen wollte. Sie mußte uns beide allein großziehen, dann die Arbeit und der Haushalt. Da habe ich immer versucht, meine Mutter aufzumuntern, damit sie sich nicht so hängenläßt.

Th.: Hier dürfen Sie weinen.

Ellen: Ich weine schon viel zu viel. Ich muß eher lernen, mich zusammenzunehmen.

Th.: Wer sagt denn das?

Ellen: Ich will niemand zur Last fallen.

Th.: Es ist aber verdammt anstrengend, das Weinen immer zu unterdrücken.

Ellen: (seufzt) Ja, es kostet viel Kraft. (dann lehnt sie sich an die Rückwand des Sessels)

Th.: Endlich. Ich dachte schon, Sie fallen gleich runter, so weit vorn saßen Sie. Und wie ist das, sich anlehnen zu können und es sich gemütlich zu machen?

Ellen: Es tut gut, doch es ist so selten.

Th.: Wer hindert Sie daran, mal auszuruhen?

Ellen: Ich denke, ich muß immer aufpassen, darf nicht ausruhen...

Th.: Wer zwingt Sie dazu?

Ellen: Ich mußte auf meine Schwester aufpassen, wenn meine Mutter zur Arbeit war.

Th.: Jetzt auch noch?

Ellen: (lacht) Eigentlich ist Gerda ja jetzt schon groß.

Th.: Und Sie?

Ellen: Ich?!

Im Erstgespräch verzichtet die Therapeutin darauf, einzelne Themen (Männer, Mutter, Vater, Schwester, Kolleginnen, Freizeitgestaltung, Kinderwunsch etc.) zu vertiefen. Es geht darum, sich erst einmal kennenzulernen, die Problemsituation deutlich werden zu lassen und das weitere Vorgehen zu vereinbaren.

Ellens Hauptanliegen ist es, zu klären, warum sie immer noch nicht verheiratet ist. Ja, am liebsten hätte sie, daß die Therapeutin ihr den geeigneten Mann besorgt und dafür garantiert, daß die Beziehung von Dauer ist. Doch das sagt sie nicht.

Die Therapeutin vereinbart mit Ellen zunächst einmal fünf Sitzungen, um dann zu entscheiden, ob beide für längere Zeit zusammen „arbeiten" wollen. Die Gespräche werden wöchentlich stattfinden, jeweils 50 Minuten dauern und für Ellen kostenlos sein. Da der regelmäßige Termin immer mittwochs um 16 Uhr sein wird, muß Ellen mit ihrem Arbeitgeber klären, ob er sie mittwochs rechtzeitig gehen läßt bzw. ob sie ihre Arbeitszeiten entsprechend ändern kann.

Herbert findet einen Weg

Herbert informiert sich bei seinem Kollegen über dessen Therapie. Zwar ist er skeptisch, da er bisher dachte, daß Therapie nur etwas für „Verrückte" oder „Kranke" sei, doch läßt er sich die Telefonnummer des Therapeuten geben. Als er ihn anruft, ist er mit dem Anrufbeantworter konfrontiert und legt wieder auf. Nach mehreren Anrufversuchen hat er schließlich den Mut, seinen Namen und seine Telefonnummer auf das Band des Anrufbeantworters zu sprechen und um einen Rückruf zu bitten. Der Therapeut ruft am nächsten Tag zurück und vereinbart mit Herbert ein Erstgespräch in der Praxis.

Im Erstgespräch schildert Herbert seine Probleme mit Frauen, mit dem Alleinsein und mit dem Alkohol. Er möchte seine Lebenssituation verändern und zufriedener werden. Der Therapeut informiert sich über Herberts Beziehungen zu Verwandten, Freunden, Kollegen und Frauen, über seine berufliche Situation, seine Wohnverhältnisse, Freizeitgestaltung und bisherigen Versuche, mit seinen Problemen zurechtzukommen. Er gewinnt den Eindruck, daß es für Herbert sinnvoll ist, an einer Therapiegruppe teilzunehmen. Er hält ihn für belastbar genug, sich dort mit anderen auseinanderzusetzen. So bietet er ihm einen Platz in der demnächst beginnenden Therapiegruppe an. Die Gruppe wird mit Herbert aus vier Männern und sechs Frauen bestehen und jeden Dienstagabend für jeweils zwei Stunden zusammenkommen. Herbert muß die Kosten selber tragen (50,– DM pro Person für ein Treffen). Er soll es sich überlegen und im Laufe der kommenden Woche seine Entscheidung mitteilen.

Da Herbert überzeugt ist, daß er ohne fremde Hilfe aus seiner gegenwärtigen Lebenssituation, die ihm wie eine Sackgasse erscheint, nicht herauskommen wird, und ihm der Therapeut sympathisch ist, ruft er einige Tage später an und sagt zu.

Beim ersten Gruppentreffen schlägt der Therapeut eine Übung zum Kennenlernen vor. Jeweils zwei Teilnehmer sollen ein Paar bilden, das sich einen Ort im Gruppenraum sucht, um sich dort im Zweiergespräch näher kennenzulernen: zehn Minuten fragt der eine den anderen, was er wissen möchte. Anschließend fragt der andere zehn Minuten. Es darf alles gefragt werden, um den anderen kennenzulernen, doch jeder hat das Recht, Fragen auch nicht zu beantworten. Anschließend kommt die Gruppe wieder zusammen, und jeder stellt seinen Gesprächspartner den anderen vor, indem er mitteilt, was er über ihn erfahren hat.

Kurt stellt Herbert vor:

„Das ist Herbert. Er ist 39 Jahre und lebt seit seiner Scheidung vor fünf Jahren allein. Er hat sich von seiner Frau getrennt, weil ihm die Ehe nach acht Jahren zu eng wurde. Er sagt, er hätte keine Luft mehr bekommen. Er mußte da raus, um nicht zu ersticken. Er hat keine Kinder, möchte aber noch welche. Doch irgendwie schafft er es nicht, die richtige Frau zu finden. Er arbeitet als einer von mehreren Geschäftsführern in einem großen Restaurant. Weil seine Kollegen Familie haben, muß er fast immer am Wochenende und zur Spätschicht arbeiten. Zu Hause langweilt er sich, guckt Fernsehen, weiß nicht, wo er hin soll. Manchmal ist er froh, seine Ruhe zu haben. Sein Hobby ist Fotografieren, meist Stilleben. Er kommt in die Gruppe, weil er seine Schwierigkeiten mit Frauen klären will."

Nachdem sich auf diese Weise alle kennengelernt haben, beschließen Therapeut und Teilnehmer, sich untereinander zu duzen.

Obwohl sich Herbert von Anbeginn aktiv an dem Gruppengeschehen beteiligt, findet er erst nach ca. einem halben Jahr den Mut, über seine persönlichen Schwierigkeiten zu sprechen und sie zum Thema zu machen. Er brauchte die Zeit, um den Therapeuten und die anderen besser kennenzulernen und sich ihnen anvertrauen zu können.

In der 21. Gruppensitzung macht er auf sich aufmerksam und sagt, daß er Probleme habe, Frauen kennenzulernen. Er möchte das ändern, um aus seiner Isolation rauszukommen.

Der Therapeut (Th.) fragt Herbert, welche Frau er in

der Gruppe näher kennenlernen möchte. Herbert ist
erschrocken, denn da ist tatsächlich eine Frau im Raum,
die ihm gut gefällt, und der er bisher aus dem Weg ge-
gangen ist: Ulrike.
Th. (zu Herbert): Laß dir ruhig Zeit. Schau sie dir alle
genau an. Und dann entscheide dich, zu wem du gehen
möchtest. Und dann geh auf sie zu und sage ihr, was du
möchtest!
Herbert: (sitzt wie versteinert da und greift sich mit seiner
rechten Hand an den Hals)
Th.: Schau mal, was jetzt gerade ist, was du machst!
Herbert: Ich weiß nicht, ich glaub, ich hab Angst...
Th.: (tauscht den Platz, so daß er nun rechts neben Her-
bert sitzt) Was ist mit deiner rechten Hand?
Herbert: Meine rechte Hand? Ach ja, sie ist am Hals.
Th.: Was machst du mit der Hand?
Herbert: Meine Kehle ist wie zugeschnürt.
Th.: Kannst du mal sagen: „Ich schnüre meine Kehle zu!"
Herbert: Ich schnüre meine Kehle zu.
Th.: Ja, bleib dabei. Schnür dir deine Kehle zu! Achte
darauf, was passiert!
Herbert: (umfaßt mit seiner Hand seine Kehle und drückt
zu, bis er würgt und hustet)
Th.: Was ist jetzt?
Herbert: Ich glaub, mir wird schlecht!
Th.: (holt den Papierkorb und stellt ihn vor Herbert) Es
ist nicht schlimm, wenn du dich übergeben mußt. (zeigt
auf den Papierkorb)
Herbert: (beugt sich über den Papierkorb, würgt, hustet,
spuckt) Es geht nicht, die Kehle ist zu!
Th.: Kannst du dir vorstellen, was deine Kehle dazu sagen
würde?
Herbert: Was?
Th.: Ja, wenn sie sprechen könnte. Was würdest du sagen,
wenn du deine Kehle wärst?
Herbert: Meine Kehle? Was würde die sagen? Vielleicht:
(Herbert als seine „Kehle":) Ich bin zu. Ich darf nicht

kotzen. Ich muß zu sein. Es darf nicht raus...

Th.: Was darf nicht raus?

Herbert: Das Essen.

Th.: Welches Essen?

Herbert: Was mir die Oma reinstopft!

Th.: Welche Oma?

Herbert: Sie hat mich immer gefüttert, und ich wollte nicht essen.

Th.: Wie alt bist du da?

Herbert: Ich weiß nicht, drei oder vier. Ich wollte selbst essen, doch sie stopfte mich. Ich hatte genug, doch der Teller war noch nicht leer. Sie drohte mit dem Stock.

Th.: Ich übernehme jetzt mal die Rolle deiner Oma. Stell dir vor, du bist vier und willst nicht essen. Doch du *mußt!* (Therapeut als „Oma":) Mach den Mund auf! (er führt seine Hand an Herberts Mund, so als wollte er ihn füttern)

Herbert (als „Kind"): Nein, ich will nicht!

Th. (als „Oma"): Stell dich nicht so an. Mach den Mund auf, sonst setzt es was!

Herbert (als „Kind"): Nein, ich will nicht!! (preßt die Lippen zusammen)

Th. (als „Oma"): Los, Mund auf!

Herbert (als „Kind"): Ich muß kotzen, wenn ich den Mund aufmache!

Th. (als „Oma"): (laut) Wag es bloß nicht, zu kotzen!! (lauter) Mach's Maul auf, los!!! (drückt mit der Hand gegen Herberts Mund)

Herbert (als „Kind"): (sieht den Therapeuten = „Oma" haßerfüllt an, springt auf und geht ihm = der „Oma" mit beiden Händen an die Kehle)

Einige Gruppenteilnehmer holen eine Matratze, die bereitliegt, und eine Decke. Im Kampf mit Herbert führt der Therapeut ihn zur Matratze. Herbert selbst bekommt davon kaum etwas mit. Er will nur noch die „Oma" würgen und schlagen. Haßerfüllt schreit er: „Jetzt ist Schluß mit dem Stopfen! Es reicht mir! Ich mach dich kaputt!!!"

Der Therapeut kniet jetzt neben Herbert, der voller Wut

auf die Matratze schlägt und dann nach der gereichten Decke greift und daran zerrt. Der Therapeut ermuntert Herbert, alle Wut herauszulassen, und achtet darauf, daß Herbert sich dabei nicht verletzt.

Schließlich bricht Herbert zusammen. Er liegt auf der Matratze und weint. Sein Körper zittert. Der Therapeut legt seine Hand auf Herberts Rücken und sagt einfühlsam: „Es ist gut, beruhige dich, es ist gut!"
Herbert schluchzt: „Und Mama hatte nie Zeit, sich um mich zu kümmern. Sie war im Geschäft!"

Als Herbert ruhig ist, winkt der Therapeut die anderen Gruppenteilnehmer herbei, und sie setzen sich im Kreis um Herbert herum. Als Herbert aufblickt, sieht er in das Gesicht von Ulrike, die ihn anlächelt. Er rückt zu ihr und legt seinen Kopf auf ihren Schoß. Sie streichelt ihn.
Th. zu Herbert: Was ist jetzt mit deiner Kehle?
Herbert: Sie ist frei. Ich krieg wieder Luft. Es ist schön. (er atmet ruhig und tief)
Th.: Und nun guck mal, wo du jetzt bist!
Herbert: (lacht) Bei Ulrike!
Th.: Jetzt bist du 35 Jahre mit deiner Wut herumgelaufen und hast dir damit die Kehle zugeschnürt, wenn du eigentlich doch was sagen wolltest. Als Kind konntest du der Oma nicht an die Gurgel. Du warst klein, und außerdem hatte sie den Stock. Doch jetzt war es Zeit, das endlich nachzuholen, um die alte Rechnung zu begleichen. Heute mußt du nicht mehr alles schlucken, was man in dich reinstopfen will! Und wieviel Kraft du hast! Wenn du die freibekommst, um Kontakte herzustellen, dann kannst du alle kennenlernen, die dich interessieren. Ja, und dann fiel dir noch deine Mutter ein, die ja keine Zeit hatte. Da geht der Weg weiter. Doch für heute hast du genug geschafft!

Dann fragt der Therapeut die anderen, wer von ihnen Herbert noch etwas sagen möchte. Einzelne äußern ihre Betroffenheit, ihr Mitgefühl, ihre Bewunderung für seinen Mut und berichten über ihre „Fütterungsszenen" oder von ihren Problemen, Kontakte herzustellen. Anschließend schlägt der Therapeut eine Pause vor.

Nach der Pause sitzt Herbert aufrecht und strahlend auf seinem Platz. Jetzt erzählt er den anderen von seiner Enttäuschung an der Straßenbahnhaltestelle, die dazu beitrug, daß er nun in der Gruppe ist. Der Therapeut sagt, daß das wirklich eine ungünstige Situation ist, um jemanden kennenzulernen. Dann schlägt er vor, im Rollenspiel verschiedene Möglichkeiten auszuprobieren, wie man jemanden in der Öffentlichkeit kennenlernen kann. Die Szene an der Straßenbahnhaltestelle wird wie in einem Theaterstück nachgestellt, und die Gruppenteilnehmer spielen in unterschiedlichen Rollen verschiedene Vorgehensweisen durch, wie man einen Kontakt herstellen kann. Die einzelnen Lösungsversuche werden diskutiert und die Verbesserungsvorschläge anschließend wieder im Spiel erprobt. Die Rollen und Situationen (z.B. in einer Kneipe, bei einer Party, im Zug) werden getauscht, so daß jeder die Möglichkeit bekommt, im geschützten Rahmen der vertrauten Gruppe und des Spiels verschiedene Erfahrungen zu machen. Die Gruppensitzung endet mit einer Diskussion, warum es in der Großstadt so schwierig ist, in der Öffentlichkeit Bekanntschaften zu machen.

Herberts Probleme sind damit nicht gelöst. Doch er kann nun einiges besser verstehen, da er Zugang zu einer seiner unerledigten Aufgaben bekommen hat. Er weiß jetzt, in welche Richtung er gehen muß, um aus der Sackgasse herauszukommen: die Auseinandersetzung mit den Frauen, die sein Leben beeinflußt haben. In seinem „Gefängnis" erkannte er durch die Begegnung mit dem Therapeuten und den anderen eine Tür und damit einen Ausweg von mehreren möglichen. Gehen muß er natürlich selbst.

Hinweis: Lassen Sie sich durch die Dramatik dieses Therapiebeispiels nicht beunruhigen. Es steht nicht für *die* Gestalttherapie, sondern nur für eine von zahlreichen Möglichkeiten der Gestaltarbeit, die in der Regel weniger dramatisch erfolgt, als hier demonstriert wird.

2

Der „gesunde" Mensch als Utopie

Aus den Grundannahmen der Gestalttherapie läßt sich ableiten, wie wir uns einen „gesunden" Menschen vorstellen können:

Der „gesunde" Mensch nimmt seine körperlichen, seelischen und geistigen Bedürfnisse wahr und handelt danach. Er weiß, was er will, und erkennt die Möglichkeiten, die ihm seine Umwelt bietet. Er nimmt Kontakte auf, um seine Bedürfnisse zu befriedigen, ohne andere auszunutzen. Er unterscheidet, was ihm nützt oder schadet, wählt das, was ihn erhält und wachsen läßt, und verarbeitet die Erfahrungen, so daß nichts unerledigt zurückbleibt. Er kennt sich und seine persönlichen Möglichkeiten, die er anwendet und erweitert. Er vermag, sich selbst zu helfen, Risiken einzugehen, Krisen zu bewältigen und sich mit alltäglichen Anforderungen auseinanderzusetzen. Im lebendigen Wechsel hierzu kann er sich zurückziehen, um auszuruhen. Er ist fähig, sich und andere so zu sehen und anzunehmen, wie sie sind. Er ist kontakt-, begegnungs- und beziehungsfähig, übernimmt für seine Handlungen die Verantwortung und sorgt sich um die Menschen, die sich ihm anvertrauen. Auch wenn er sich für andere verantwortlich fühlt und danach handelt, wird er deren Eigenständigkeit achten und darauf verzichten, sie zu entmündigen oder von ihm abhängig zu machen. Er fühlt sich sowohl in seinem Körper als auch in seiner Welt zu Hause und engagiert sich, um dieses Wohlbefinden zu erhalten. Wenn er das Schöne einer gegenwärtigen Situation wahrnehmen, annehmen und genießen kann und nichts haben muß, was fehlt, ist er glücklich.

Da es einen solchen Menschen nicht gibt und nie geben wird, muß diese Vorstellung vom „gesunden" Menschen als Utopie angesehen werden. Doch auch wenn wir erkennen, daß wir das Ziel nie erreichen werden, bleibt der Weg sinnvoll, solange wir wissen, in welche Richtung wir zu gehen haben. Möglicherweise lernen wir auf dem Weg, immer häufiger „ja" zu sagen, wenn wir „ja" meinen, und „nein" zu sagen, wenn wir „nein" meinen. Das ist schon viel und lohnenswert. Gestaltorientiert leben bedeutet nicht, sich mit überhöhten Ansprüchen an die eigene Selbstverwirklichung unter Druck zu setzen oder setzen zu lassen (Du sollst! Du mußt! Du darfst nicht!). Vielmehr geht es darum, gegenwärtige Möglichkeiten zu entdecken und zu nutzen, um immer wieder ein kleines Stückchen auf dem Weg menschlichen Wachstums voranzukommen.

3

Der neurotische Mensch als Realität

Der neurotische Mensch ist in seinen Wahrnehmungs- und Handlungsmöglichkeiten beeinträchtigt. Er ist unsicher, was er braucht, erkennt nur unzureichend, welche Möglichkeiten er hat, oder kann das, was möglich wäre, nicht nutzen. Da somit seine natürliche Selbstregulation gestört ist, kann er viele lebenswichtige Bedürfnisse nicht befriedigen und seine Fähigkeiten nicht weiterentwickeln. Im Laufe seines Lebens hat er bestimmte Überzeugungen über sich, die Mitmenschen und die Welt entwickelt, an denen er starr festhält. Auch wenn diese Überzeugungen (Selbstkonzepte, Einstellungen, Meinungen) nicht mehr den gegenwärtigen Gegebenheiten entsprechen, bestimmen sie weiterhin sein Erleben und Verhalten. Infolge schmerzhafter Erfahrungen mußte er lernen, sich zu schützen, um schädigende Einflüsse zu vermeiden oder nicht mehr wahrzunehmen. So lebt der Neurotiker nicht, indem er das verwirklicht, was er möchte. Vielmehr überlebt er, indem er das vermeidet, was ihm seiner Überzeugung nach schaden könnte. Er vermeidet den Kontakt mit dem, was früher einmal schmerzhaft war *(Vergessen/Verdrängen)*. Damit schließt er das Unerledigte nicht ab, so daß es sein heutiges Leben immer noch stören kann. Aus Angst vor schmerzvollen Wiederholungen vermeidet er auch den Kontakt zur Umwelt, wenn er sie im

Lichte der Vergangenheit bedrohlicher wahrnimmt, als sie in Wirklichkeit ist. Um Schmerzen zu vermeiden, entwickelt er *Bewältigungsstrategien* (Vermeidungsverhalten/Abwehrmechanismen/neurotische „Spiele"), mit deren Hilfe er sein Leben absichert. Die Kräfte, die er hierfür verbraucht, fehlen ihm bei dem Versuch, seine Lebensmöglichkeiten voll auszuschöpfen. Seine Tragik besteht darin, daß er heute immer noch vermeidet, was in Wirklichkeit ungefährlich ist. Das, was für ihn einmal sinnvoll war, um trotz schädigender Einflüsse weiterzuleben, ist heute nicht mehr not-wendig.

Das Leid des Neurotikers liegt darin, daß er dies alles ahnt oder weiß, ihm das Wissen allein jedoch nicht reicht, um sich in Situationen, die er als kritisch erlebt, anders zu verhalten als bisher. So handelt er oft wider besseres Wissen und quält sich mit der von ihm erlebten Sinnlosigkeit seiner Vermeidungen.

Nach Perls gibt es vier Arten von *Vermeidungsverhalten:* Introjektion, Projektion, Retroflektion und Konfluenz.

Introjektion

Introjektion bedeutet die Aufnahme dessen, was uns die Umwelt anbietet. Wir nehmen nicht nur Nahrung auf, sondern auch Vorschriften, Normen, Werthaltungen und Meinungen, die uns Eltern, Lehrer und andere Bezugspersonen vermitteln oder aufdrängen. Auch Filmindustrie und Werbung versorgen uns mit

Leitbildern, an denen wir uns orientieren. Vieles übernehmen wir ungeprüft, ohne uns zu fragen, ob es uns guttut oder angemessen ist.

Ellen z.B. hat von ihrer Mutter immer wieder gehört, daß „die Männer alle nichts taugen". Sicherlich hat sie ihrer Mutter nicht widersprochen, denn nachdem der Vater die Familie verlassen hatte, war sie noch stärker auf die Mutter angewiesen und wollte daher keine Konflikte riskieren. Sie hatte Angst, auch noch die Mutter zu verlieren, und war deshalb bemüht, deren Erwartungen zu erfüllen. Sehr viel später in ihrem Leben steht plötzlich ein Mann vor ihr, der ihr gefällt. Doch sie sieht weg, um einen möglichen Blickkontakt zu vermeiden. Taugt auch er nichts?

Solange sie mit der alten Überzeugung (Introjekt), daß die „Männer alle nichts taugen", auf Partnersuche geht, wird sie sich selbst ihre von der Mutter übernommene Einstellung immer wieder bestätigen. In ihrem Mißtrauen fällt ihr nur das auf, was sie an den Männern nicht mag. Dagegen ist sie für das, was sie an den Männern schätzen könnte, blind *(blinde Flecken)*. So bleibt sie ohne Partner, solange sie nicht erkennt, daß Männer durchaus verschieden sind und daß es keinen Mann gibt, der ausschließlich gut oder schlecht ist.

Die Therapeutin ist Ellen dabei behilflich herauszubekommen, wie sie dem Kontakt zu Männern aus dem Wege geht und es vermeidet, die guten Seiten eines Mannes zu erkennen und sich mit seinen schlechten Seiten auseinanderzusetzen.

Ein Introjekt, das Herbert immer noch mit sich herumträgt, ist die Botschaft der Oma: „Du mußt deinen Teller leeressen, auch wenn du satt bist!" An diese Vorschrift hält sich Herbert noch als Erwachsener, dessen Oma längst verstorben ist. So hört er nicht auf zu essen, wenn er satt ist, sondern erst dann, wenn der Teller leer ist. So-

lange er die frühe Botschaft der Oma für sich nicht überprüft, wird er immer wieder erfolglos gegen sein Übergewicht ankämpfen.

Nach der wiederbelebten Auseinandersetzung mit der
Oma in der 21. Gruppensitzung (hier: Kontakt statt Vermeidung!) ist es Herbert erstmals möglich, mit dem Essen
aufzuhören, wenn er sich gesättigt fühlt, auch wenn der
Teller noch nicht leer ist. Er hat erkannt und mit seinem
ganzen Körper erfahren, daß er heute vor der Oma keine
Angst mehr haben muß und selbst wählen kann, wieviel
er ißt. Er kann jetzt einschätzen, wieviel Nahrung er
braucht, und füllt schließlich nur noch so viel auf seinen
Teller, wie nötig ist, um satt zu werden. Das alte Introjekt
„Du mußt deinen Teller leeressen, auch wenn du satt
bist!" hat er durch die selbst gewählte Überzeugung
„Iß nur so viel, wie du brauchst, um satt zu werden!" er-
setzt. Da er infolgedessen mühelos einige Pfunde abnimmt, erspart er sich den sinnlosen Kampf mit dem
Übergewicht und hat die ehemals gebundenen Kräfte
nun zur freien Verfügung. Mit dem geringeren Gewicht
mag er sich lieber, fühlt sich wohler, schämt sich weniger,
traut sich eher Kontakte zu und erscheint anderen attraktiver.

Wenn wir das Aufgenommene nicht nur „schlukken", sondern überprüfen, ob es für uns angemessen
ist, und so verarbeiten, daß wir das Verwertbare ver-
innerlichen und das Unbrauchbare wieder abgeben,
können Introjektionen für unsere Entwicklung
förderlich sein.

Problematisch wird die Introjektion, wenn jemand
ungeprüft Normen oder Zwänge übernimmt und in
übertriebener Form und ohne Rücksicht auf die
schädigenden Wirkungen daran festhält. „Psychiatrische Krankheiten" wie Depression, Zwangsneurose

oder Masochismus können die Folge sein, d.h. es ist denkbar, daß ein Psychiater, der das Erleben und Verhalten des Betreffenden beurteilt, solche Diagnosen stellt.

Projektion

Wie ein Projektor, der ein Bild von innen nach außen auf eine Leinwand wirft, projizieren wir Teile unserer Persönlichkeit auf die Außenwelt. Meist sind dies Wünsche, Gefühle oder Eigenschaften, die wir uns selbst nicht eingestehen wollen, weil sie uns unerlaubt oder bedrohlich erscheinen. Verlogenheit, Hinterhältigkeit, Mißgunst oder sexuelles Begehren unterstellen wir lieber anderen, als selbst dazu zu stehen.

Während wir bei der Introjektion aufnehmen, was zur Umwelt gehört, geben wir bei der Projektion etwas an die Umwelt ab, was zu uns gehört.

Herbert entdeckt Ellen an der Straßenbahnhaltestelle. Und schon beginnt er, zu projizieren: Ellen wird ihn abweisen. Die anderen Leute werden schlecht von ihm denken. Ellen wird ihn auslachen. Sie wird sich bedroht fühlen. Herbert ist in dieser Situation unfähig, die Menschen so zu sehen, wie sie sind. Da er projiziert, ist seine Wahrnehmung der Realität verzerrt. Vielleicht will *er* Ellen abweisen, da er seine unverarbeitete Wut auf die Oma und die Mutter noch mit sich herumträgt? Vielleicht denkt *er* schlecht von sich, wenn er Ellen anspricht, weil er gern mit ihr schlafen möchte? Vielleicht wird *er* sich auslachen, wenn er erkennt, wie unbeholfen er sich verhält? Vielleicht fühlt *er* sich bedroht?

Und was ist mit Ellen? Sie projiziert, daß Herbert sie für ein „Flittchen" hält, wenn sie ihn anspricht. Vielleicht hält *sie* sich für ein „Flittchen", wenn sie ihn anspricht? Oder sie möchte gern mal ein „Flittchen" sein, ohne sich dies eingestehen zu können? Sie nimmt an, daß die Leute sie anstarren werden, wenn sie auf Herbert zugeht. Vielleicht würde *sie* eine Frau anstarren, die einen Mann auf der Straße anspricht?

Vor lauter Introjektionen („Man darf doch nicht, sollte nicht...!") und Projektionen („Was werden die Leute von mir denken?") kommen die beiden nicht zusammen. Sie sind nicht in der Lage, zu erkennen, daß sie sich *gegenseitig* gefallen. Und keiner traut sich, dem anderen zu zeigen, daß er ihm gefällt. Blind für die Realität verspielen sie durch ihre Vermeidungen ihr mögliches Glück. Eine verpaßte Chance für beide.

In der Therapie geht es darum, solche Projektionen zu erkennen und aufzulösen, indem die Therapeutin der Klientin verdeutlicht, wo und wie sie projiziert:

Ellen: Da an der Haltestelle wollte ich ihn ja ansprechen, doch dann hätte der mich bestimmt für ein Flittchen gehalten.

Th.: Woher wissen Sie das?

Ellen: Ja, das macht man doch nicht!

Th.: Würden *Sie* sich für ein Flittchen halten, wenn Sie einen Mann so einfach ansprechen?

Ellen: Da fällt mir ein, meine Mutter hat immer gesagt, ich würde wie ein Flittchen aussehen, wenn ich mich mal geschminkt hatte.

Durch die Fragen der Therapeutin wird Ellen deutlich, daß sie es ist, die sich für ein „Flittchen" hält, wenn sie auf einen Mann zugeht. Diese Einsicht wiederum entlarvt das Introjekt „Wenn du Männer reizt, bist du ein Flittchen!", das Ellen ungeprüft von ihrer Mutter übernommen hat. Indem Ellen sich das, was nicht zu Herbert, sondern zu ihr gehört, aneignet, kann sie sich damit auseinandersetzen und eigenverantwortlich entscheiden, ob sie das unverdaute Introjekt „Ich bin ein Flittchen, wenn ich Männer anspreche" für sich übernimmt (Assimilation/Integration) oder aber ablehnt. Vielleicht kommt sie zu einem Kompromiß, indem sie sich künftig zugesteht, Männer, die ihr gefallen, anzusehen oder gar anzulächeln, ohne sie gleich anzusprechen?

Die Therapeutin führt Ellen dahin, daß sie erkennt, was sie tut. Ellen bestimmt, ob sie ihr Verhalten beibehält oder ändert, und übernimmt damit die Verantwortung für sich. Wenn sie selbst weiß und eigenverantwortlich entscheidet, was sie macht, muß sie nicht mehr projizieren und kann andere Menschen vorurteilsfreier wahrnehmen (besserer Kontakt zur Realität).

Projektionen müssen nicht immer problematisch sein. Wenn wir unsere Gefühle oder Ideen ausdrücken und künstlerisch gestalten und somit Teile unserer Innenwelt nach außen projizieren, kann dies für uns und andere auch eine Bereicherung sein.

Wer jedoch projiziert, ohne es zu wissen und selbst entschieden zu haben, und sich infolgedessen bedroht, verängstigt oder verfolgt fühlt, bei dem könnte ein Psychiater zu der Diagnose Phobie, Angstneurose oder Paranoia kommen.

Retroflektion

Retroflektion ist die Zurückwendung gegen sich selbst. Wir retroflektieren, wenn wir das, was wir anderen zufügen möchten, uns selber antun; oder wenn wir uns selbst das geben, was wir lieber von anderen hätten.

Wenn wir auf andere wütend sind, spüren oder äußern wir das oft nicht, sondern kritisieren und beschuldigen uns lieber selbst. Wir machen uns schlecht und lehnen uns ab, ohne zu erkennen, daß wir eigentlich nicht uns, sondern die anderen meinen. Wir vermeiden dann den Kontakt zur Außenwelt und sind nicht mehr auf die anderen, sondern nur auf uns selbst bezogen. Wir haben Angst, anderen gegenüber unsere Kritik oder Wut auszudrücken. Und wir trauen uns nicht, die anderen um etwas zu bitten, was wir gern von ihnen hätten. Dann kaufen wir uns Konsumgüter oder stopfen uns mit Essen voll, obwohl wir es vorziehen würden, von anderen gestreichelt zu werden.

Als Herbert Ellen entdeckt, ist seine Kehle wie zugeschnürt. In der 21. Gruppensitzung greift er sich an den Hals, als er auf eine Frau zugehen soll. Der Terapeut verdeutlicht, daß Herbert es selbst ist, der sich seine Kehle zuschnürt, und zeigt damit, daß Herbert für sich selbst verantwortlich ist. Herbert erinnert sich an die Fütterungsszene mit seiner Oma, die ihn bestraft hatte, wenn er trotzig war und seinen Teller nicht leeressen wollte. Im Rollenspiel übernimmt der Therapeut die Rolle der „Oma", während Herbert das „Kind" spielt, das er einmal war. Der Therapeut erkennt, daß Herbert retroflektiert, d.h. Herbert drückt sich die Kehle zu, obwohl er lieber die „Oma" erwürgen möchte. Um die Retroflektion aufzulösen, provoziert der Therapeut (als „Oma") Herbert so lange, bis dieser seine unterdrückte Wut spüren und ausdrücken kann. Indem Herbert nun der „Oma" an die Kehle geht, löst sich die Retroflektion. Die blockierte Wut wird frei und nach außen gerichtet (Kontakt zur Außenwelt). Herbert hat in dieser Situation seine Angst überwunden, so daß er nicht retroflektieren muß. Außerdem erfährt er, daß nichts Schlimmes geschieht, wenn er seine Wut hier ausdrückt. Im Gegenteil: Er bekommt Luft, kann frei atmen und ist in der Lage, mit Ulrike Kontakt aufzunehmen. Er kann es genießen, von ihr gestreichelt zu werden. Und nach der Gruppensitzung geht er mit ihr in eine Kneipe, anstatt sich zu Hause nur auf sich selbst zu beziehen und einsam vor dem Fernseher zu betrinken.

Daß wir unsere Wut auf andere nicht gegen uns selbst richten sollten (wie z.B. bei der Depression), heißt natürlich nicht, unserer Wut immer freien Lauf zu lassen. Vielmehr müssen wir in jeder Situation entscheiden, was sinnvoll ist, um weder uns, noch anderen ernsthaft zu schaden. Z.B. können wir unsere Wut sprachlich mitteilen und verständlich machen, ohne den Kopf zu verlieren.

Uns auf uns selbst zu beziehen, muß nicht immer problematisch sein. So kann es durchaus „gesund" sein, es uns gemütlich zu machen, uns liebevoll zu pflegen und schön zu machen, weil es uns Spaß macht oder weil wir uns mögen.

Doch wenn wir uns selbst bestrafen, quälen und unter Druck setzen, ohne es zu wollen und ändern zu können, dann werden wir „krank". Ein Psychiater könnte dann eine Depression, Selbstmordgefährdung oder psychosomatische Erkrankung diagnostizieren.

Konfluenz

Konfluenz heißt „zusammenfließen".

Wenn wir uns mit anderen vereint fühlen, können wir zwischen uns und den anderen nicht mehr unterscheiden. In der Konfluenz gibt es keine Grenzen zwischen Ich und Du. Beide sind zum Wir verschmolzen. Wo Verschiedenheit jedoch nicht mehr gesehen und akzeptiert wird, kann es keinen Kontakt, keine Begegnung und keine Auseinandersetzung geben. Kontakt ist nur an der Grenze möglich, wo der *eine* auf den *anderen* bezogen ist.

Wenn wir die Grenzen zwischen uns und den anderen nicht mehr wahrnehmen, identifizieren wir uns mit der Gruppe, der wir uns jeweils zugehörig fühlen: mit der Partnerschaft, der Familie, dem Verein oder der Gesellschaft. Wir übernehmen die Normen und Werte der Gemeinschaft und passen uns an, weil wir Angst haben, ausgestoßen zu werden.

Als Ellens Vater die Familie verließ, schlossen sich Mutter und Tochter enger zusammen. Gemeinsam fühlten sie sich stärker, das Leben zu bewältigen. Ellen und ihre Mutter wurden Partnerinnen. Die eine ging zur Arbeit, während die andere auf die kleine Schwester aufpaßte. Ihr gemeinsamer Feind waren die Männer, die „alle nichts taugten". Mutter und Tochter ignorierten die natürlichen Grenzen, die zwischen ihnen bestanden. Dies verhinderte eine Auseinandersetzung zwischen den Generationen, so daß es zu keiner Ablösung der erwachsenen Tochter kommen konnte. Der Mutter zu widersprechen, schürte Ellens Angst, diese zu verlieren. Daher hatte sie es schwer, sich über Männer eine eigene Meinung zu bilden.

In der Therapie ermöglicht die Therapeutin, daß Ellen merkt, auf welche Weise sie den Kontakt und damit die Auseinandersetzung mit der Mutter vermeidet. Ellen erkennt, wie verschieden Mutter und Tochter sind. Zunehmend grenzt sie sich von der Mutter ab und setzt sich mit ihr auseinander, um sich abzulösen. Mutter und Tochter sitzen nicht „in einem Boot". Sie haben jeweils ihr eigenes

Leben und müssen nicht in Angst verbunden bleiben. Vielmehr können sie sich in Liebe begegnen, wenn sie ihre Verschiedenheit gegenseitig akzeptieren und sich stark genug fühlen, auch ohne den anderen zu sein.

Die Auseinander-Setzung mit der Mutter ist eine Voraussetzung dafür, daß Ellen *verschiedenen* Männern *eigen*ständig und *eigen*verantwortlich begegnen kann, um sich ihre *eigene* Meinung zu bilden. Erst dann wird sie entdecken, ob, in welcher Form und mit welchem Menschen sie ihr Leben teilen möchte.

Natürlich kann die Konfluenz auch etwas sehr Schönes sein. So fühlen wir uns glücklich, wenn wir im Rausch des Verliebtseins mit dem anderen verschmelzen. Erst wenn wir die Realität, daß auch der Geliebte ein von uns getrennter und verschiedener Mensch ist, nicht mehr leugnen können, beginnt der wirkliche Kontakt und damit die Auseinandersetzung mit der Eigenständigkeit des anderen. Vielleicht ist das Verliebtsein die Wiederbelebung der ersten Konfluenz in unserem Leben, als wir uns mit der Mutter eins fühlten und Ich und Du noch nicht unterscheiden konnten.

Wenn sich jemand aber in der Konfluenz verliert und innen und außen sowie Traum und Wirklichkeit nicht mehr auseinanderhalten kann, er die Ansprüche der Außenwelt nicht erkennt, sich allmächtig oder alles andere als bedrohlich erlebt, dann könnte ein Psychiater ihn psychotisch, schizophren oder süchtig nennen.

4

Wie entstehen Neurosen?

Petzold unterscheidet vier Arten von *Schädigungen*, die die natürliche Selbstregulation und damit eine gesunde Entwicklung beeinträchtigen können: *Defizite*, *Störungen*, *Konflikte* und *Traumatisierungen*. Diese Entstehungsbedingungen neurotischer Verhaltensweisen und anderer psychischer Probleme treten nicht nur in der frühen Kindheit auf. Solange der Mensch lebt, kann er in Situationen geraten, die ihn „kränken" und sogar krankmachen. Positive Erfahrungen können die entstandenen Beeinträchtigungen mindern oder ausgleichen.

Defizite (Mangel an Erfahrungen)

Eine gesunde Entwicklung setzt ein reichhaltiges Nahrungsangebot voraus. Körperliche Nahrung allein ist unzureichend, um die seelische, geistige und soziale Entwicklung zu gewährleisten. Der Mensch braucht Zuwendung und Bestätigung durch Worte, Blicke, Gesten und Berührungen sowie Anregungen in Form von Aufgabenstellungen, die ihn weder unter-, noch überfordern.

Mangelsituationen entstehen, wenn Eltern ganz oder zeitweise fehlen bzw. wenig Zeit, Ausdauer oder Talent haben, sich um ihr Kind so zu kümmern, wie es seine Bedürfnisse erfordern. Ein Kind, dessen Bedürfnisse nach Anregung und Bestätigung nur unzureichend oder einseitig erfüllt wurden, weiß weniger, kann weniger, traut sich weniger zu und vermeidet es, sich mit anderen Kindern auseinanderzusetzen, die es als stärker, besser, klüger oder schöner (allgemein: wertvoller) erlebt. Seine *Fähigkeiten* zur Bewältigung von Lebensaufgaben sind eingeschränkt, oder es kann die Fähigkeiten, die es trotzdem entwickeln konnte, nicht angemessen einsetzen (mangelnde *Fertigkeiten*).

Als Ellens Vater die Familie verließ, fehlte ihr eine wichtige Bezugsperson. Mit dem Vater fielen zugleich zahlreiche Möglichkeiten fort, die Ellen gebraucht hätte, um zu lernen, sich direkt und dauerhaft mit einem Mann auseinanderzusetzen. Später ging die Mutter wieder zur Arbeit, so daß Ellen zeitweise nun auch auf die Mutter verzichten mußte. Da die Eltern der Mutter früh verstorben waren und sonst keine Verwandten in der Nähe wohnten, wurde Ellen zu einem „Schlüsselkind". Noch heute fühlt sie sich ebenso verlassen wie damals.

Ellens Therapeutin, die nach und nach die Lebensgeschichte ihrer Klientin erfährt, wird versuchen, Ellen das zu geben, was ihr fehlte: liebevolle Zuwendung, Aufmerksamkeit, Trost, Ermutigung, Anregung und Bestätigung. Sie wird dies mit den Blicken, Worten, Gesten und Berührungen tun, die nicht da waren, als Ellen sie brauchte. Wie eine gute Mutter wird sie Ellen die „Nahrung" geben, die diese benötigt, um wachsen zu können und Selbstvertrauen zu entwickeln *(Nachsozialisation/ Nachreifung)*.

Störungen

Störungen sind uneindeutige, widersprüchliche oder unzuverlässige Einwirkungen.

Herberts Eltern hatten ein Hotel mit Gaststätte. Da gab es nicht nur Angehörige, sondern auch Personal und

Gäste. Für Herbert bedeutete dies einen ständigen Wechsel zahlreicher Bezugspersonen. Kaum hatte er sich mit einem Gast angefreundet, war dieser schon wieder fort. Es kamen neue Menschen, von denen er niemals wußte, ob sie wiederkommen würden. Dieser ständige Wechsel verwirrte ihn. Er lernte, daß viele Beziehungen flüchtig sind, während die Menschen, die nicht fortgehen und behaupten, ihn zu lieben, keine Zeit für ihn haben. Sein Vertrauen in Beziehungen wurde somit gestört.

Trotzdem war er acht Jahre verheiratet. Wie paßt das zu seinen Beziehungsproblemen? War er „beziehungsfähig"? Als er Anna, seine spätere Frau, auf der Hotelfachschule kennenlernte, lebte er seit kurzem allein in einer ihm fremden Großstadt und war froh, jemanden zu haben. Er verliebte sich in Anna, denn sie war ihm sofort vertraut. Sie bestimmte, was er zu tun hatte, und er gehorchte. Für Herbert war Anna wie seine Oma. Auch wenn er sich oft ärgern mußte, waren ihm das Gehorchen, Schlucken und Nachgeben so vertraut, daß er sich bei Anna „zu Hause" fühlte. Ohne es zu wissen, wiederholte er so die Beziehung zu seiner Oma. Als er 26 Jahre war, wollte Anna ihn heiraten, und er stimmte zu, obwohl er es „eigentlich" nicht wollte. Doch er hatte Angst, Anna zu verlieren und dann wieder allein zu sein. Das „Schlukken" war ihm lieber, als sich mit sich selbst und seiner Einsamkeit auseinanderzusetzen.

Als Anna Karriere machte und die Geschäftsführung eines Hotels übernahm, hatte sie kaum noch Zeit für Herbert. Daraufhin projizierte er seine Wut, die seiner Mutter galt, weil diese ebenfalls keine Zeit für ihn hatte, auf seine Frau. Diese war nun die „böse Mutter", die sich nicht um ihn kümmerte, doch ständig Forderungen stellte, denen er sich trotzig widersetzte. Als sie eines Tages ein Kind von ihm wollte, hatte er den Eindruck, ersticken zu müssen. Bei seiner Scheidung mit 34 Jahren litt er unter Depressionen.

Während der ganzen Zeit ihres Zusammenseins war Herbert der „wirklichen" Anna nie begegnet. Er hatte sich in die eigene „Oma" verliebt und sie später in der Ehe zu seiner „Mutter" gemacht.

Nun ist verständlicher, was Perls meinte: „Erst muß ich mich finden, um dir begegnen zu können."

Auch Ellens Grundvertrauen wurde infolge schädigender Einflüsse so gestört, daß sie Männern gegenüber immer vorsichtiger wurde. Obwohl ihre Mutter nach dem Weggang des Vaters behauptete, daß alle Männer nichts taugen, hatte sie trotzdem hin und wieder Kontakte zu Männern, die sie besuchten. Ellen freundete sich mit einigen dieser Männer an, die ihr als „Onkel" vorgestellt wurden. Aber dann trennte sich ihre Mutter wieder, und Ellen war enttäuscht, ständig mögliche „Väter" zu verlieren. Männer erlebte sie als Wesen, deren Bestimmung es war, sie zu verlassen oder zu verwirren. Sie verachtete ihre Mutter, die anders sprach als sie handelte und ihr das Wechselspiel zumutete. Ihre Wut mußte sie jedoch unterdrücken, weil sie Angst hatte, auch noch die Mutter zu verlieren.

In der Beziehung zu ihren Therapeuten brauchen Herbert und Ellen vor allem Sicherheit, Klarheit, Eindeutigkeit und Verläßlichkeit. Nur so können sie erfahren, daß es zumindest einen Menschen (den Therapeuten) gibt, dem sie sich vorbehaltlos anvertrauen können. Wenn sie diese für sie neue Erfahrung in der Therapie machen, können sie hoffen, daß es noch andere Menschen gibt, die vertrauenswürdig sind.

Konflikte

Bei einem Konflikt treffen zwei gleichstarke, entgegengesetzte Einflüsse aufeinander, so daß Spannungen und Blockierungen entstehen, die zur Schädigung führen, wenn der Konflikt bestehenbleibt oder immer wieder auftritt und nicht gelöst wird.

Ellen möchte mit ihrer Freundin spielen, doch sie muß auf die Schwester aufpassen (Lust zu spielen - Angst, die Mutter zu verlieren).

Herbert ist satt, doch die Oma zwingt ihn weiterzuessen, indem sie ihm Schläge androht.

Wie wir wissen, fühlte sich Herbert auch dann noch gezwungen, über die Sättigungsgrenze hinaus seinen Teller leerzuessen, als die Oma längst verstorben war. Er hatte den Konflikt mit der Oma verinnerlicht, d.h. er hatte auch dann noch Angst vor Strafe (ein „schlechtes Gewissen"), als kein Stock mehr drohte.

In der 21. Gruppensitzung ermöglicht der Therapeut, daß Herbert die Blockierung seiner Wut lösen kann, die auf dem früheren Konflikt mit der Oma beruhte. Erst jetzt ist Herbert in der Lage, konfliktfrei zu essen. Doch nicht nur das. Durch die „Lösung" dieses Konfliktes hat es Herbert nicht mehr nötig, seine Wut, die der Oma galt, auf andere Frauen zu projizieren. Er erlebt die Frauen somit nicht mehr so bedrohlich und kann ihnen angstfreier begegnen: Er nimmt Kontakt mit Ulrike auf, legt seinen Kopf vertrauensvoll in ihren Schoß und läßt sich streicheln. Später hat er den Mut, sie zu einem Glas Wein einzuladen.

Traumatisierungen

Traumatisierungen sind kurzzeitige Einwirkungen von höchster Intensität, die in der aktuellen Situation nicht angemessen verarbeitet werden und zu Schädigungen führen.

Beispiele hierfür sind: der plötzliche Verlust wichtiger Bezugspersonen durch Trennung, Krankheit oder Tod; Unfälle, Mißhandlungen oder sexueller Mißbrauch.

Der plötzliche Verlust einer Bezugsperson, der Gesundheit, der Funktionsfähigkeit oder der Würde bedroht den Betroffenen existentiell, d.h. der körperliche oder seelische Schmerz wird als lebensbedrohlich erlebt.

Ellen verlor ihren Vater durch eine für sie nicht vorhersehbare Trennung. Durch den plötzlichen Verlust fühlte sie sich existentiell bedroht. Da sie erlebt hatte, daß es möglich war, von einem Elternteil verlassen zu werden, mußte sie von nun an auch die Möglichkeit einräumen, von der Mutter verlassen zu werden. Also tat sie alles, um der Mutter zu gefallen. Und als die Mutter wieder arbeiten ging, wurde Ellens Angst noch stärker, so daß sie sich noch mehr bemühte, eine „brave" Tochter zu sein.

Später konnte sie nicht zulassen, sich in einen Mann zu verlieben, der zu ihr gepaßt hätte. So verliebte sie sich in Männer, die verheiratet oder zu alt waren oder zu weit weg wohnten. Je vielversprechender ein Mann ihr erschien und je näher sie ihm gefühlsmäßig kam, desto größer wurde ihre Angst, von ihm verlassen zu werden. Wurde die Angst zu groß, trennte sie sich lieber von ihm. Einen Mann zu verlassen, schien ihr erträglicher und weniger lebensbedrohlich, als von ihm verlassen zu werden. So war ihre durch den Verlust des Vaters (Traumatisierung) entstandene Angst, verlassen zu werden, größer als ihre Sehnsucht nach einer dauerhaften Beziehung. Die Schädigung, die ihr als Kind zugefügt wurde, war so einschneidend, daß sie sich fortan so verhielt, als würde sie es nicht überleben, noch einmal von einer geliebten Person verlassen zu werden.

Wie soll die Therapeutin Ellen vermitteln, daß sie in Wirklichkeit nicht sterben muß, wenn sie sich ernsthaft auf einen Mann einläßt, auch dann nicht, wenn dieser Mann sie tatsächlich verlassen sollte? Wenn Ellen in der therapeutischen Beziehung Vertrauen gewinnt, daß die Therapeutin ihr bei der Auseinandersetzung mit dem Verlust des Vaters stützend zur Seite steht, wird sie es wagen, die frühe Traumatisierung wiederzubeleben. In der Phantasie wird sie sich als das Kind erleben, das verlassen wurde. Und nicht nur in der Phantasie, sondern in Wirklichkeit wird sie den Schmerz durchleben, den sie damals nicht zulassen durfte, um die Traumatisierung zu überleben. Sie wird die Wut auf ihren Vater, der sie so geringschätzte, daß er sie verließ, spüren und ausdrücken. Und sie wird darüber trauern, daß ihr ein solches Schicksal nicht erspart blieb. Und wenn sie (von der Mutter?) mehr über ihren Vater erfährt, wird sie vielleicht lernen, ihn zu verstehen. Erst dann wird sie frei sein, nicht mehr wegsehen zu müssen, wenn sie einem Mann lieber in die Augen sehen möchte.

Ellen setzt sich auseinander

Nach den ersten fünf Therapiesitzungen beschließen Ellen und ihre Therapeutin, die Therapie zunächst einmal für ein Jahr mit wöchentlichen Treffen fortzusetzen. In den ersten Sitzungen klagt sie über ihre gegenwärtige Lebenssituation. Sie fühlt sich einsam und kennt außer ihrer Schwester niemanden, dem sie vertrauen kann. Sie jammert, daß ihre Mutter ihr mit nahezu täglichen Anrufen und häufigen Besuchen auf die Nerven geht. Doch sie traut sich nicht, der Mutter Grenzen zu setzen. Sie beschuldigte sich, unfähig zu sein, den „richtigen" Mann zu finden, um eine Familie zu gründen. Sie hat ein schlechtes Gewissen, wenn sie die Therapeutin mit ihren Problemen belastet. Sie schämt sich, so hilflos zu sein. Sie möchte Ratschläge, wie sie ihr Leben gestalten soll. Am liebsten hätte sie es, wenn die Therapeutin für sie die

Entscheidungen träfe und damit die Verantwortung für ihr Leben übernähme.

Die Therapeutin handelt jedoch verantwortlich, indem sie Ellen nicht entmündigt, d.h. keine Entscheidungen für sie trifft und in der Regel auch keine Ratschläge erteilt. Solange Ellen in keiner akuten Lebenskrise steckt, vertraut die Therapeutin darauf, daß Ellen in der Lage ist, den ihr gemäßen Weg selbst zu finden. Die Therapeutin achtet darauf, wie sich Ellen in der Therapiesitzung verhält (Worte, Gesten, Blicke, Atmung, Sitzhaltung etc.). Sie teilt Ellen ihre Eindrücke mit, damit diese lernt, sich und ihr Verhalten besser wahrzunehmen und ihre Bedürfnisse und Möglichkeiten deutlicher zu erkennen. Sie weist Ellen auf Vermeidungen hin und ermutigt sie, sich mit dem auseinanderzusetzen, was offen und ungeklärt ist, wie z.B. die Beziehung zur Mutter.

In der 14. Therapiesitzung berichtet Ellen von ihrer Enttäuschung an der Straßenbahnhaltestelle. Als es im Gespräch um die Bezeichnung „Flittchen" geht, erinnert sie sich:
Ellen: Da fällt mir ein, meine Mutter hat immer gesagt, ich würde wie ein Flittchen aussehen, wenn ich mich mal geschminkt hatte.
Th.: Und wie finden Sie das?
Ellen: Ich finde das gemein, denn die anderen Mädchen haben sich auch geschminkt, und ich mußte es wieder abwischen.
Th.: (nimmt einen leeren Stuhl und stellt ihn so vor Ellen, als könnte dort eine Person platznehmen, mit der Ellen ein Gespräch führen möchte) Stellen Sie sich vor, Ihre Mutter sitzt jetzt hier vor Ihnen. Und nun sagen Sie ihr direkt, was Sie eben gesagt haben!
Ellen: Was?
Th.: Sagen Sie Ihrer Mutter, wie Sie es finden, wenn sie Sie als „Flittchen" bezeichnet!
Die Therapeutin schlägt ein Rollenspiel vor, bei dem

Ellen sich die Anwesenheit der Mutter vorstellen soll. Damit ermutigt sie Ellen, nicht nur *über* die Mutter zu reden, sondern *direkt* mit ihr Kontakt aufzunehmen und der „Mutter" das zu sagen, was sie ihr bisher aus Angst nie gesagt hatte. Bei dieser direkten Auseinandersetzung – auch wenn die Mutter nur in der Vorstellung anwesend ist – wird es Ellen eher möglich sein, nicht nur zu sprechen, sondern auch zu fühlen. Damit erleichtert die Therapeutin Ellen, ihren Ärger auf die Mutter zu spüren und auszudrücken. Ellen ist nämlich kein Kind mehr, das Angst haben *muß*, von der Mutter verlassen zu werden. Ihre berechtigte Wut auf die Mutter ist seit der Kindheit blockiert. Was damals jedoch sinnvoll war, um die Mutter nicht zu verärgern, ist für Ellen heute zu einer Fessel geworden, die sie daran hindert, sich von der Mutter zu lösen, um ihren eigenen Weg zu gehen.

Ellen: (zur Therapeutin) Ich soll ihr sagen, wie ich das finde?

Th.: (deutet auf den leeren Stuhl) Ja, sagen Sie es ihr direkt!

Ellen: (sieht auf den leeren Stuhl vor sich) Mutter, ich ... (zur Therapeutin) Ich kann es nicht. Sie hat es sicher nur gutgemeint.

Th.: Dann sagen Sie ihr das!

Ellen: (zur „Mutter") Du hast es sicher nur gutgemeint, wenn du mich vor den Männern gewarnt hast.

Th.: Ich übernehme mal die Rolle Ihrer Mutter (setzt sich als Ellens „Mutter" auf den leeren Stuhl und sagt provozierend zu Ellen:) Sieh mal in den Spiegel! Wie du wieder aussiehst! Wie ein Flittchen! Wisch sofort den Lippenstift ab!

Ellen: (zur „Mutter") Nein, jetzt laß mich doch! Die anderen Mädchen machen das doch auch. Ich bin kein Flittchen!

Th.: (steht auf und stellt sich hinter Ellen, zeigt auf den leeren Stuhl und sagt zu Ellen:) Sagen Sie ihr das noch mal: ICH BIN KEIN FLITTCHEN!

Ellen: (zur „Mutter") Ich bin kein Flittchen!

Th.: Lauter!

Ellen: ICH BIN KEIN FLITTCHEN!!! (sie stößt mit ihrem Fuß vor den leeren Stuhl, so daß dieser umfällt) Du bist ein Flittchen! DU BIST DAS FLITTCHEN!!! (sie bricht in Tränen aus und hält die Hände vor ihr Gesicht)

Th.: (legt ihren Arm um Ellens Schulter) Was ist jetzt?

Ellen: (schluchzt) Sie hat sich von ihm schwängern lassen!

Th.: Von wem?

Ellen: Sie war im sechsten Monat, als er sie heiratete.

Th.: Wer?

Ellen: (weint) Papa.

Th.: (gibt ihr ein Papiertaschentuch)

Ellen: Vielleicht war er ja nicht nur schlecht?

Th.: Und Ihre Mutter nicht nur gut?

Ellen: Ja, sie war auch ein ganz schönes Biest! (lacht)

Th.: Und die Männer sind nicht nur schlecht?

Ellen: Vielleicht...

Durch diese „Arbeit" kann Ellen dahingeführt werden, der „Mutter" im direkten Kontakt das zu sagen, was sie bisher für sich behielt. Ellen beginnt damit, ihre unerledigten Aufgaben zu erkennen und abzuschließen. Sie lernt, daß „gute" Frauen nicht nur gut und „schlechte" Männer nicht nur schlecht sind. Damit wird es ihr möglich, die „Männerwelt" nicht nur im Licht der Vergangenheit zu sehen, und sich mehr von der Mutter und deren Ansichten zu lösen. Sie hat erfahren, daß nichts Schlimmes geschieht, wenn sie ihre Wut auf die Mutter spürt und ausdrückt. Sie braucht sich nicht als „Flittchen" zu fühlen, wenn sie sich schminkt oder einen Mann anlächelt. Das Introjekt „Ich bin ein Flittchen" konnte Ellen als Projektion der Mutter erkennen und damit für sich ablehnen. So hat sie das Problem der Mutter, sich als „Flittchen" zu fühlen, an diese zurückgegeben.

Als Ellen in die nächste Therapiesitzung kommt, ist sie

schick gekleidet und geschminkt. Die Therapeutin reagiert darauf mit einem akzeptierenden Lächeln.

Th.: Mir fällt auf, daß Sie sich schöngemacht haben. Und wie geht's Ihnen damit?

Ellen: Ich weiß nicht, ist noch ungewohnt. Jedenfalls fühle ich mich nicht als Flittchen!

Während Herbert sein Äußeres verändert, indem er abnimmt, zieht sich Ellen schick an und schminkt sich. Dies geschieht nicht in erster Linie, um attraktiver zu erscheinen, sondern um sich von den Bezugspersonen, die sie erzogen haben, abzugrenzen. Mit seinem neuen Eßverhalten grenzt sich Herbert von seiner Oma ab, während sich Ellen mit der Veränderung ihres Aussehens gegen die Botschaften der Mutter verhält. Sie erprobt neue Ausdrucksmöglichkeiten. Nur so kann sie auch Neues erfahren: wie sie sich fühlt, wenn sie sich gegen die Ratschläge der Mutter verhält (ob sie z.B. ein „schlechtes Gewissen" bekommt, das sie überwinden kann), und wie die anderen (Mutter, Schwester, Kolleginnen, Männer, Therapeutin) darauf reagieren. Erst wenn Ellen ihre vielseitigen Möglichkeiten, die sie vorher nicht erkennen oder nutzen konnte, entdeckt und sich traut, Neues zu erproben, kann sie eigenverantwortlich entscheiden, welche dieser Möglichkeiten sie wann, wie und wozu anwenden möchte.

Herbert versteht einen Zusammenhang

Herbert bearbeitet nicht in jeder Gruppensitzung ein eigenes Problem, doch er verfolgt anteilnehmend, wie die anderen sich mit ihren Problemen auseinandersetzen. Indem er sich in die anderen hineinversetzt, ist er gefühlsmäßig beteiligt. Er bangt, ärgert und freut sich, trauert, leidet, hofft oder lacht mit den anderen. Auf diese Weise macht er auch dann neue Erfahrungen, wenn er selbst nicht im Mittelpunkt steht. Er erkennt, daß er mit seinen Problemen nicht allein ist, und fühlt sich in seinem Leid mit den anderen verbunden. Er hilft den anderen dadurch, daß er ihnen seine Beobachtungen, Gefühle, Gedanken und Anregungen mitteilt *(Rückmeldung/Anteilnahme)*. Er fühlt sich einer Gruppe zugehörig, die ihn ebenso nötig hat, wie er sie. Während er sich im Hotel seiner Eltern nirgendwo richtig zugehörig fühlte, ist es ihm nun möglich, sich mit anderen verbunden zu erleben. Damit erfährt er sich „in der Welt", von der er sich isoliert und entfremdet hatte.

Nachdem er in der 21. Sitzung seine Wut auf die Oma ausdrückte, kann er nach und nach auch die schönen Erfahrungen mit der Oma erinnern. Sie war es nämlich, die ihm die Märchen und Comics vorlas und ihm bei den Schulaufgaben geduldig half. Als er von seiner Mutter erfährt, daß die Mutter seiner Oma früh verstarb und seine Oma deshalb den größten Teil ihrer Kindheit in Heimen verbrachte, als er herausbekommt, daß die Oma ihren Mann durch einen Unfall verloren hatte, als sie noch eine junge Frau war, und als er sich klarmacht, daß seine Oma sich durch zwei Weltkriege hungern mußte, da lernt er die Verbitterung und Ängste dieser Frau *verstehen*. Doch dieses ist ihm erst möglich, nachdem er seine dennoch berechtigte Wut auf die Oma *spüren* und *äußern* konnte.

In der 24. Gruppensitzung sitzt Herbert unruhig auf seinem Platz. Der Therapeut merkt dies und spricht Herbert darauf an.
Th.: Was ist mit dir, Herbert?
Herbert: Ich hab gestern erfahren, daß meine Mutter im Krankenhaus liegt. Sie muß operiert werden, doch sie wissen nicht, was es ist. Sie ist jetzt 69. Ich hab Angst, daß es was Schlimmes sein könnte.
Th.: Daß sie sterben könnte?
Herbert: Ja.
Th.: (stellt einen leeren Stuhl vor Herbert) Kannst du ihr das mal direkt sagen! Stell dir vor, deine Mutter sitzt hier vor dir und möchte sich von dir verabschieden, weil sie

ins Krankenhaus muß. Was sagst du ihr?

Herbert: (zur „Mutter") Mach dir keine Sorgen, du wirst es schon schaffen.

Th.: Gut. Und jetzt tausch mal den Platz, und setz dich auf den leeren Stuhl. Du bist jetzt deine „Mutter", die ihrem Sohn antwortet. Was sagst du zu ihm als „Mutter"?

Herbert: (tauscht den Platz, übernimmt die Rolle der Mutter) Na klar, ich werd es schon schaffen!

Th.: Rollentausch! Setz dich jetzt wieder auf deinen Platz! Du bist wieder Herbert und antwortest!

Herbert: (setzt sich wieder auf seinen Platz, sieht zur „Mutter" und schweigt)

Th.: Was vermeidest Du jetzt?

Herbert: (zum Therapeuten) Ich hab ihr Mut gemacht, dabei wollte ich ihr sagen, daß ich Angst um sie habe.

Th.: Dann sag ihr das jetzt!

Herbert: (zur „Mutter") Ich habe Angst, daß ... (weint)

Th.: Was ist jetzt?

Herbert: (zum Therapeuten) Ich kann es nicht.

Th.: Was kannst du nicht?

Herbert: Ich kann sie nicht gehenlassen.

Th.: Sag ihr das!

Herbert: (zur „Mutter") Ich kann dich nicht gehenlassen!

Th.: Rollentausch!

Herbert: (wechselt den Platz, dann als „Mutter") Warum nicht?

Th.: Tausch!

Herbert: (wechselt den Platz, dann zur „Mutter") Es gibt noch so viel zu sagen.

Th.: Gut. Sag ihr, was du ihr schon immer sagen wolltest!

Herbert: (zur „Mutter") Warum hast du dich so wenig um mich gekümmert?

Th.: Tausch!

Herbert: (als „Mutter") Du weißt doch, das Hotel. Ich konnte Papa doch nicht alleinlassen. Das war unsere Existenz. Die Oma hat sich doch um dich gekümmert.

Th.: Tausch!

Herbert: (zur „Mutter") Aber ich hätte *dich* gebraucht!!
(er wechselt jetzt die Rollen, ohne daß der Therapeut
ihn jedesmal darauf hinweisen muß)
Herbert: (als „Mutter") Ich weiß. Ich wäre auch lieber
bei dir gewesen. Doch es ging einfach nicht. Wir hatten
soviel zu tun.
Herbert: (wütend zur „Mutter") Immer war das Hotel
wichtiger als ich! Warum hast du dich nicht für mich frei-
gemacht?!
Herbert: (als „Mutter") Das Hotel war nicht wichtiger.
Ich habe oft geweint, weil ich so wenig Zeit für dich hatte,
doch Papa brauchte mich.
Herbert: (wütend zur „Mutter") Er war dir wichtiger!
Herbert: (als „Mutter") Ich hatte Angst, ihn zu verlieren!
Herbert: (setzt sich wieder auf seinen Platz, bricht in
Tränen aus und kann nicht mehr sprechen)
Th.: (kniet sich neben Herbert und legt seine Hand auf
dessen Knie) Was ist jetzt?
Herbert: (schluchzt) Sie hatte Angst, wieder einen Mann
zu verlieren!
Th.: Wie meinst du das?
Herbert: Ihr Vater kam ums Leben, als sie noch klein
war! (weint)
Th.: (legt seine Hand auf Herberts Rücken und gibt ihm
ein Papiertaschentuch) Möchtest du ihr noch etwas
sagen? (zeigt auf den leeren Stuhl vor Herbert)
Herbert: (schneuzt sich, dann zur „Mutter") Ich habe
Angst um dich, denn ich brauche dich noch. Es gibt noch
so viel zu sagen! Ich werd dich besuchen, und wir werden
miteinander reden. Schade, daß Papa nicht mehr lebt.
Auch ihm hätte ich noch viel zu sagen.

In dieser „Arbeit" ist es Herbert möglich, seine blok-
kierte Wut und Trauer zu lösen, zu spüren und zu äus-
sern. Indem er sich gefühlsmäßig in seine Mutter hineinversetzt, ihre Rolle übernimmt und sich so mit ihr identifiziert, lernt er, die Welt auch mit ihren Augen zu sehen
und die Mutter zu verstehen. Mit Hilfe des Rollenspiels

und der Nachbesprechung in der Gruppe erkennt Herbert, daß seine Mutter sich nicht deshalb unzureichend um ihn kümmerte, weil sie ihn nicht oder zu wenig liebte, sondern weil sie Angst hatte, von ihrem Mann verlassen zu werden, wenn sie diesen nicht hinreichend unterstützte. Indem Herbert diesen Zusammenhang durchschauen und betrauern kann, wird es ihm möglich, die Mutter zu verstehen und sich mit ihr zu versöhnen. Nun weiß er, daß sie ihn geliebt hat, auch wenn sie sich nur wenig Zeit für ihn nahm. Es gab eben nicht nur die Liebe der Mutter, sondern auch deren Angst, wieder von einem Mann verlassen zu werden.

Ebenso wie Ellen litt auch Herberts Mutter unter dem frühen Verlust des Vaters. Während Ellen jedoch die Möglichkeit erkennt, ihre Traumatisierung in einer Therapie zu bearbeiten, war für Herberts Mutter eine Therapie nicht vorstellbar.

Daß Herbert Ellen an der Straßenbahnhaltestelle so anziehend fand, könnte möglicherweise auf irgendeine Ähnlichkeit zurückzuführen sein, die Ellen mit Herberts Mutter hatte. Waren es die traurigen Augen, die Herbert von seiner Mutter kannte?

Indem Herbert erkennt, daß er auch seinem Vater noch vieles sagen möchte, was er diesem nie sagen konnte, wird sein weiterer Therapieweg deutlich: die Auseinandersetzung mit dem Vater. Auch wenn dieser verstorben ist, können die unerledigten Aufgaben dennoch geklärt werden.

Jeder Abschluß einer unabgeschlossenen Situation bzw. einer unerledigten Aufgabe kann als Schließung einer offenen Gestalt angesehen werden. Hierdurch werden die Spannungen gelöst und die Kräfte frei, die darauf gerichtet waren, das Unerledigte abzuschließen (Prägnanztendenz). Je mehr Kräfte ein Mensch zur freien Verfügung hat, desto eher ist er in der Lage, neue Anforderungen zu bewältigen und sich weiterzuentwickeln.

5

Stile und Schulen der Gestalttherapie

Nach Laura Perls ist die Gestalttherapie *existentiell, erfahrungsbezogen* und *experimentell*. Demnach trägt der Gestalttherapeut dazu bei, daß der Klient sein Mensch-Sein besser versteht und sich auf Kontakte, Begegnungen und Beziehungen einlassen kann. Der Therapeut ermöglicht neue Erfahrungen durch Erprobung neuer Sicht- und Verhaltensweisen. *Wie* er dies macht, hängt von zahlreichen Faktoren ab, so daß wir sagen können: Es gibt so viele Stile der Gestalttherapie, wie es Gestalttherapeuten gibt. Die Persönlichkeit, Lebens- und Berufserfahrung, die Grund- und Zusatzausbildungen sowie das Geschlecht, alle diese Faktoren prägen den *Therapiestil* eines Therapeuten. Es gibt Psychologen, Ärzte, Pädagogen, Soziologen, Sozialarbeiter oder Theologen als Gestalttherapeuten, z.T. mit unterschiedlichen weiteren Therapieausbildungen (wie z.B. Psychodrama, Körpertherapie, Verhaltenstherapie, Familientherapie). Da sich der Gestalttherapeut mit seiner ganzen Person in das Therapiegeschehen einbringt, kann es auch nicht *den* Gestalttherapeuten geben. Ein Therapeut, dessen Anliegen es ist, die Begegnungs- und Beziehungsfähigkeit anderer Menschen zu fördern, wird sich als Mensch zeigen, um dem Klienten die für dessen Weiterentwicklung wichtige Ich-Du-Begegnung zu ermöglichen. Der Therapeut verhält sich also *authentisch,* d.h. persönlich, „echt", „offen". Er gibt sich so, wie er ist, und sagt das, was er denkt und fühlt, wenn er den Eindruck hat, die Entwicklung des Klienten damit zu fördern.

Unabhängig von den persönlichen Therapiestilen aller Gestalttherapeuten gibt es drei *Schulen bzw. Strömungen der Gestalttherapie,* die sich unterscheiden lassen: die Schule an der West- und die an der Ostküste der USA (West- und Ostküstenstil) und die europäische Schule (Europäischer Stil).

Der *Westküstenstil* wurde von Fritz Perls geprägt: Eine Gruppe von Klienten (meist Angehörige psychosozialer Berufe) kommt für einige Tage zusammen, um die Gestalttherapie „am eigenen Leibe" zu erfahren *(Lehr-Workshop). Einzelarbeit in der Gruppe* heißt, daß ein Teilnehmer sich auf den *heißen Stuhl* setzt (ein leerer Stuhl neben dem Therapeuten), wenn er „arbeiten" möchte. Die Gestaltarbeit konzentriert sich hier auf den Ich-Du-Kontakt von Therapeut und Klient und orientiert sich an den Prozessen im Hier und Jetzt. Der Therapeut verhält sich in hohem Maße offen und authentisch. Unter therapeutischer Zielsetzung frustriert er den Klienten in angemessener Weise (z.B. beantwortet er keine Fragen), um Selbsterfahrung und Persönlichkeitsentwicklung zu bewirken.

Der *Ostküstenstil,* den Laura Perls und Paul Goodman entwickelt haben, kann als psychotherapeutische Behandlungsmethode angesehen werden, die sich auch für Patienten eignet (Einzel- und Gruppentherapie). Neben der Gegenwart werden auch die Vergangenheit und die Zukunft im Therapieprozeß berücksichtigt. Der Therapeut bringt sich als Person nur dann ein, wenn es ihm für die Entwicklung des Patienten geboten erscheint *(selektive Offenheit)*.

Entsprechend ihren unterschiedlichen Ausbildungen orientieren sich deutsche Gestalttherapeuten nicht nur am West- oder Ostküstenstil, sondern auch am *Europäischen Stil,* der in der vor allem von Hilarion Petzold entwickelten Integrativen Therapie zum Ausdruck kommt. Bei der Arbeit in der Gruppe gewinnen hier die Ich-Du-Beziehungen der Gruppenteilnehmer untereinander an Bedeutung. Die Einzelarbeiten entwickeln sich aus dem Gruppenprozeß und beeinflussen diesen wiederum rückwirkend. Die Arbeit beschränkt sich nicht allein auf das Hier und Jetzt. Unter ganzheitlicher Perspektive wird auch das Vergangene vergegenwärtigt und das Zukünftige vorweggenommen (wie z.B. bei den Rollenspielen in Herberts 21. Gruppensitzung).

6

Diagnostik

Ein Gestalttherapeut stellt keine Diagnosen, indem er bei seinen Klienten „psychiatrische Krankheiten" (z.B. Phobie, Zwangsneurose, Depression) benennt und die Klienten als „klinische Fälle" ansieht. Er verteilt keine Rezepte, deren Befolgung die „Krankheiten" heilen soll.[1]

Seine Haltung ist nicht krankheits- bzw. symptomorientiert, sondern *personorientiert*, d.h. nicht die „Krankheit" steht im Vordergrund seines Interesses, sondern der ganze Mensch. Indem er den Menschen nicht als „Symptomträger" behandelt, sondern ihm in seiner Ganzheit begegnet, berücksichtigt er die körperlichen, seelischen und geistigen Aspekte der Person sowie deren Eingebundensein in ihre persönliche Lebenswelt und Lebenszeit.[2]

Natürlich benötigt er Informationen, nach denen er seine Therapie ausrichtet. Bei seiner Diagnostik interessiert er sich jedoch nicht dafür, welche „Krankheit" der Klient *hat,* sondern welches Verhalten der Klient in der gegenwärtigen Therapiesituation *zeigt.* Der Therapeut achtet auf das *Offensichtliche,* das unmittelbar wahrnehmbar ist, also auf Worte, Stimme,

1 Wenn ein Gestalttherapeut „psychiatrische Krankheiten" diagnostiziert und therapiert, handelt er nicht in seiner Funktion als „Gestalttherapeut", sondern in seiner Funktion als „Psychiater" oder „Psychologe", wenn er diesen Berufen angehört.

2 vgl. „Körper-Seele-Geist – die ganzheitliche Perspektive" in Kapitel 1.

Gefühlsausdruck, Gesten, Körperhaltung, Schweigen usw. Diese *Phänomene* im Vordergrund bringen ihn auf die Spur zu den *Strukturen.* Das sind die für den jeweiligen Klienten typischen Verhaltensweisen, die er immer wieder in gleicher Weise einsetzt, um Kontakte zu vermeiden, die ihm bedrohlich erscheinen: die *Bewältigungs- und Vermeidungsstrategien* Introjektion, Projektion, Retroflektion und Konfluenz.

Während der Therapeut im Rahmen einer klassischen Gestalttherapie (Westküstenstil) nur darauf achtet, *was* der Klient gegenwärtig an Verhalten zeigt, und *wie* er es vermeidet, im Hier und Jetzt zu bleiben, möchten heutige Gestalttherapeuten in der Regel auch erfahren, *warum* der Klient etwas vermeidet (Integrative Therapie). Deshalb versuchen sie, gemeinsam mit dem Klienten die Defizite, Störungen, Konflikte und Traumatisierungen aufzuspüren, die eine gesunde Entwicklung verhindert haben.

Beim diagnostischen Vorgehen gelangt der Gestalttherapeut demnach vom *Wahrnehmen,* was der Klient hier und jetzt zeigt, über das *Erkennen,* was der Klient immer wieder in gleicher Weise macht, zum *Verstehen,* warum sich der Klient so und nicht anders verhält.

Um seine Therapie angemessen zu gestalten, muß der Therapeut nicht nur wissen, welche Probleme oder Schädigungen das Erleben und Verhalten des Klienten beeinträchtigen. Er wird auch darauf achten, welche *Fähigkeiten* und *Fertigkeiten* vorhanden sind, d.h. welche Möglichkeiten der Klient besitzt, sich selbst helfen zu können.

Der Therapeut wird berücksichtigen, ob der Klient über äußere *Stützen* verfügt, auf die er in Krisen zurückgreifen kann (Partner, Freunde, Familie usw.).

Wichtige Fragen, denen der Therapeut nachgehen wird, sind: Wie verhält sich der Klient? Wie nimmt er Kontakt auf? Was und wie vermeidet er? Was will er? Wie hilft er sich selber? Wie verarbeitet er das, was ihm widerfährt? Welche unerledigten Aufgaben stören sein gegenwärtiges Erleben und Verhalten?

In der Gestalttherapie sind Diagnostik und Therapie keine getrennten Vorgehensweisen, die aufeinanderfolgen. Vielmehr begleiten und bedingen sie sich gegenseitig. Daher spricht man auch von einer *therapiebegleitenden* oder *prozessualen Diagnostik*.

Wenn der Therapeut Herbert z.B. auffordert, in der Gruppe eine Frau anzusprechen, dann hat diese Anregung des Therapeuten sowohl therapeutische als auch diagnostische Folgen. Herbert wird mit seinem Problem konfrontiert und entdeckt seine Grenzen. Er erfährt, wie er sich blockiert. Eine gute Selbstwahrnehmung ist gleichzeitig auch eine Voraussetzung, etwas verändern zu können (Therapie). Der Therapeut erkennt, wie Herbert Kontakte vermeidet (Diagnostik).

7

Therapieziele

Obwohl der Therapeut den Klienten nicht entmündigt, indem er ihm bestimmte Veränderungsziele vorschreibt, ist er dennoch nicht frei von eigenen Wertvorstellungen, die in seine Arbeit einfließen. Als Gestalttherapeut bekennt er sich zu einem bestimmten Menschenbild und zu den besonderen Vorstellungen über „Gesundheit"[1]. Bei seiner Arbeit orientiert er sich daher an *Globalzielen,* die seinem Menschenbild entsprechen: Er vermindert Isolation und Entfremdung, indem er das *Grundvertrauen* stärkt oder wiederherstellt. Er fördert die *Selbsterfahrung,* die *Selbstfindung,* die *Selbstannahme,* das *Selbstvertrauen* und die *Selbstverantwortlichkeit,* um eine *Selbstverwirklichung* zu ermöglichen. Indem er dem Klienten behilflich ist, seine *Kontakt-, Begegnungs- und Beziehungsfähigkeit* zu entwickeln oder zu verbessern, unterstützt er die Verbundenheit des Klienten mit anderen. Er setzt sich mit dem Klienten darüber auseinander, wie das, was ist und war, verstanden werden kann, und trägt damit zur *Sinnfindung* bei. Er ermutigt den Klienten, seine *Ganzheitlichkeit* zu leben, indem er ihn anregt, seine ungenutzten Möglichkeiten zu entdecken und zu erproben.

---

1   vgl. „Mensch-Sein in der Welt (Menschenbild)", Kapitel 1, und „Der ‚gesunde' Mensch als Utopie", Kapitel 2.

Aus den Gesundheitsvorstellungen des Gestalttherapeuten lassen sich folgende *Allgemeinziele* ableiten:

- Verbesserung der Bewußtheit (Wahrnehmung der
  Bedürfnisse, Gefühle und Möglichkeiten), um die
  natürliche Selbstregulation zu erleichtern,
- Aufdeckung und Auflösung der neurotischen Be-
  wältigungsstrategien Introjektion, Projektion, Re-
  troflektion und Konfluenz,
- Ausgleich der Defizite, Klärung der Störungen,
  Auflösung der Konflikte und Verarbeitung der
  Traumatisierungen (Abschließen der unerledigten
  Aufgaben).

Während die Global- und Allgemeinziele alle
Klienten betreffen, ergeben sich die *Individualziele*
aus der persönlichen Problematik eines bestimmten
Klienten: z.B. Klärung der Arbeitssituation, Abbau
von Ängsten und Kontaktschwierigkeiten, Ermöglichung einer lustvollen Sexualität, Aufbau einer krea-
tiven Freizeitgestaltung, Lösung aus schädigenden
Abhängigkeiten.

Da sich Therapeut und Klient innerhalb einer
klassischen Gestalttherapie (Westküstenstil) nur auf
die Prozesse konzentrieren, die in einer gegebenen
Therapiesituation gegenwärtig sind, unterbleibt hier
die Festlegung von Zielen.

Innerhalb einer Integrativen Therapie werden sich
Therapeut und Klient jedoch darüber verständigen,

welche *kurz-, mittel- und langfristigen Ziele* sie durch die Therapie erreichen wollen.

Die Bestimmung der Ziele erfolgt nicht nur zu Beginn der Therapie. Auch im weiteren Verlauf kommt es immer wieder zu Absprachen über das, was bereits erreicht wurde, was noch offen ist und was als nächstes anzustreben ist.

Beim therapeutischen Vorgehen orientiert sich der Therapeut an den Zielen, die er gemeinsam mit dem Klienten abgesprochen hat.

Welche Ziele haben Ellen und ihre Therapeutin für die gemeinsame Arbeit benannt?

Die langfristigen Ziele: Ellen möchte sich weniger einsam fühlen und sich für einen Mann entscheiden können, um mit ihm eine Familie zu gründen. Sie möchte gelassener werden und besser ausruhen können.

Die mittelfristigen Ziele: Sie möchte sich von der Mutter lösen, Freunde finden und ihre Freizeit abwechslungsreich gestalten. Sie möchte Männer, die ihr gefallen, ansehen oder gar anlächeln können.

Die kurzfristigen Ziele: Sie möchte für Männer reizvoll sein, ohne dabei ein schlechtes Gewissen zu haben; ihrer Mutter sagen können, daß sie nicht so oft anrufen oder kommen soll; mehr über ihren Vater erfahren und die Mutter dazu befragen.

8

Therapie –
Wie Neurosen aufgelöst werden

Um neurotische Vermeidungen aufzulösen, sind mehrere aufeinanderfolgende Therapiephasen zu durchlaufen:

Das 5-Phasen-Modell nach Perls

Perls nahm an, daß eine Neurose aus fünf Schichten besteht, die wie Zwiebelschalen den Persönlichkeitskern eines Menschen umhüllen. Der Therapeut ermöglicht dem Klienten, auf die schützenden Schichten seiner Neurose zu verzichten und bei der Bearbeitung eines bestimmten Problems fünf Phasen zu durchlaufen:

In der 1. Phase, der *Klischeephase,* verhält sich der Klient klischeehaft, d.h. er klagt über seine Beschwerden und möchte Ratschläge oder ein Rezept, das ihn wie eine Zauberformel heilt.

In der 2. Phase, der *Rollenspielphase* (nicht zu verwechseln mit dem „Rollenspiel" als therapeutische Technik!), spielt der Klient die Rolle des „guten Klienten", indem er sich so verhält, wie er glaubt, daß sein Therapeut es sich wünscht. Z.B. spricht er über seine Probleme und unterbreitet dem Therapeuten eigene Erklärungsversuche. Er versucht, sein Problem durch Denken zu lösen, und möchte, daß der Therapeut ihm dabei behilflich ist.

In der 3. Phase, der *Blockierungs- und Implosions-phase*, wird dem Klienten deutlich, daß seine gewohnten Ablenkungsmanöver nicht mehr möglich sind. Er wollte sich nicht mit unbequemen Tatsachen auseinandersetzen und der Wahrheit nicht ins Auge sehen. Wenn er jedoch merkt, daß er das Unangenehme nicht mehr vermeiden kann, wird ihm der Konflikt bewußt, der ihn blockiert und hilflos macht. Er erlebt sich in einem *Engpaß*.

In der 21. Gruppensitzung fordert der Therapeut Herbert auf, eine Frau in der Gruppe anzusprechen. Einerseits möchte Herbert ein „guter Klient" sein und die Aufforderung des Therapeuten erfüllen. Andererseits möchte er aber auch den näheren Kontakt zu Ulrike vermeiden, da ihm eine Annäherung bedrohlich erscheint. Dieser Konflikt blockiert ihn. Er sitzt wie versteinert da und greift sich an den Hals. In ihm staut sich etwas an, was nach außen drängt. Doch er schnürt sich die Kehle zu.

Der Therapeut möchte, daß Herbert diesen Zustand beibehält und ihn aushält. Also sagt er: „Bleib dabei!" Herbert hat den Eindruck, sich übergeben zu müssen. Der Therapeut erlaubt ihm das, ja, er fordert ihn sogar auf, das, was in Gang gekommen ist, nicht zu unterbrechen, sondern sich entwickeln zu lassen. Aber Herbert kann sich nicht übergeben. Er ist weiterhin blockiert. Er möchte die Erlaubnis des Therapeuten befolgen. Gleichzeitig hat er jedoch Angst, das zu tun, denn die Oma hatte ihm ja unter Strafandrohung verboten, sich zu übergeben. Die Fragen des Therapeuten führen Herbert dahin, daß ihm die Fütterungsszene mit der Oma wieder bewußt wird. Auch damals war die Situation ausweglos. Er sollte seinen Mund aufmachen, um zu essen, obwohl er satt war. Und er sollte gleichzeitig seinen Mund zumachen, um nicht zu „kotzen". Ferner durfte er seine Wut, die sich anstaute, nicht äußern, da die Oma die Macht hatte, ihn zu bestrafen.

Indem der Therapeut nun die Rolle der „Oma" spielt, ermöglicht er es Herbert, die damalige Ausweglosigkeit wieder zu erleben. Damit kann dieser auch die dazugehörige Wut wieder (oder vielleicht sogar erstmalig) spüren. Als „Oma" provoziert der Therapeut Herbert so lange, bis dieser seine Blockierung überwindet und die *Implosion* sich als *Explosion* entladen kann.

Wenn die Wut größer wird als die Angst, löst sich der Konflikt. Damit wird die blockierte Wut befreit, so daß sie Herberts Kontaktverhalten anschließend nicht mehr stören kann. Er ist nicht mehr „gehemmt" und nimmt mit Ulrike Kontakt auf, wie es seinem natürlichen Bedürfnis entspricht.

In der 4. Phase, der *Explosionsphase (Katharsis)*, kommt es zum Durchbruch der angestauten Gefühle. Die Blockierung wird überwunden, die nach innen gerichteten Kräfte (Implosion) explodieren nach außen, und die Gefühle entladen sich (Explosion): Zorn, Trauer, Freude, orgastische Glücksempfindungen usw.

In der 5. Phase, der *Aufarbeitungsphase,* werden die neuen Erfahrungen besprochen, um die Zusammenhänge besser zu verstehen. Erst dann ist es möglich, die unerledigte Aufgabe abzuschließen.

Die Auflösung der Schichten der Neurose erfolgt nicht nur einmal, sondern immer wieder, wenn ein weiteres unverarbeitetes Problem deutlich wird. Dieser Prozeß kann manchmal innerhalb einer Therapiesitzung durchlaufen werden, erstreckt sich aber meist über viele Sitzungen.

In der Einzeltherapie (z.B. bei Ellen) verlaufen nur wenige Stunden so spektakulär wie die Bearbeitung von Herberts Fütterungsszene. In der Regel sind viele undramatische Sitzungen notwendig, bis der Klient genug Vertrauen entwickelt hat, um seine *Widerstände* gegenüber dem für ihn Bedrohlichen aufzugeben. Jede Entwicklung benötigt ihre Zeit, jeder Klient seinen ihm gemäßen Weg. Das Fließen der Entwicklung kann erleichtert, nicht jedoch erzwungen werden. Perls: „Du mußt den Fluß nicht schieben, er fließt von allein!"

Indem der Therapeut Herbert provoziert, will er nicht den Widerstand brechen, sondern es Herbert erleichtern, das zu tun, wozu dieser auch bereit ist. Der Therapeut muß also einschätzen, ob eine Konfrontation dem gegebenen Entwicklungsstand des Klienten angemessen ist. Man könnte es so sehen, daß der Therapeut den Fluß der Entwicklung nicht „schiebt" bzw. erzwingt, sondern Hindernisse aus dem Flußbett räumt, um das Fließen zu erleichtern.

Das 4-Phasen-Modell nach Petzold

Petzold nennt die vier Phasen eines therapeutischen Problemlösungsprozesses *Initialphase, Aktionsphase, Integrationsphase* und *Neuorientierung.*

Initialphase (Anfangsphase)

Hier geht es um Bewußtheit, d.h. der Therapeut fördert die *Wahrnehmung* des Klienten. Dieser nimmt wahr, was hier und jetzt gegeben ist, was er macht, was er will, was er vermeidet und wie er sich blockiert.

Der Konflikt, in dem er sich befindet, wird ihm deutlich. Und er *erinnert* sich, wie der Konflikt entstanden ist.

> Herbert *nimmt wahr,* wie er sich blockiert, wenn er eine Frau ansprechen möchte. Der Therapeut *erkennt,* wie Herbert Kontakte vermeidet *(Diagnostik).* Durch gezielte Fragen und Anweisungen führt er Herbert dahin, den Konflikt nicht zu scheuen, sondern auszuhalten, und zwar so lange, bis er den ursprünglichen Konflikt mit der Oma *erinnern* kann.

Aktionsphase

Der Therapeut ermöglicht dem Klienten, das Erinnerte zu vergegenwärtigen und zu *wiederholen,* und zwar *mit* den Gefühlen, die damals unterdrückt werden mußten. Es kommt zum Ausdruck der blockierten Gefühle *(Katharsis)* und zu der neuen *Erfahrung,* daß nichts Schlimmes geschieht, wenn das Vermeidungsverhalten bzw. die neurotische Bewältigungsstrategie aufgegeben wird.

> Im Rollenspiel mit der „Oma" *wiederholt* Herbert die konfliktreiche Fütterungsszene, bis er in der Lage ist, seine blockierte Wut zu äußern und damit die Retroflektion zu lösen. Herbert *erfährt,* daß der Verzicht auf sein Vermeidungsverhalten keine negativen Konsequenzen hat. Er wird für seine Wut nicht bestraft.

Integrationsphase

Das bloße Ausleben blockierter Gefühle reicht nicht aus, das Erleben und Verhalten des Klienten langfristig zu verändern. Er muß das Erfahrene *durch-*

bzw. *verarbeiten,* um die Zusammenhänge zu *verstehen* und somit zu einer neuen Einsicht zu kommen. In der Nachbesprechung setzen sich der Therapeut, der Klient und die Gruppenteilnehmer darüber auseinander, wie die in der Aktionsphase gemachten Erfahrungen verstanden werden können *(Sinnfindung).* Erst dann kann der Klient die neue Erfahrung annehmen und sie zu einem Teil seiner Persönlichkeit machen *(Integration/Assimilation).*

Der Therapeut teilt Herbert mit, daß dieser endlich nachgeholt hat, was all die Jahre unterblieben war: sich gegen die konfliktreichen Ansprüche der Oma zur Wehr zu setzen. Herbert sieht ein, daß er nicht mehr das Kind von damals ist, das „schlucken" muß. Er ist erwachsen und kann sich wehren, wenn andere ihm etwas „reinwürgen" wollen. Wenn die Gruppenteilnehmer ihn für seinen Mut loben, erkennt er, daß der Ausdruck von Gefühlen nicht etwas Schlimmes ist, sondern Wertschätzung zur Folge haben kann.

Auch außerhalb der Gruppensitzung setzt Herbert die Verarbeitung seiner neuen Erfahrungen fort, indem er das berücksichtigt, was ihm seine Mutter auf seine Fragen hin über das Leben der Oma erzählt. Erst dann kann er nicht nur sein Verhalten, sondern auch das der Oma verstehen und damit das Unerledigte abschließen.

Neuorientierung

In dieser Phase geht es darum, die neuen Erfahrungen in die *Alltagspraxis* umzusetzen. Da Erfahrung und Einsicht nicht unmittelbar auch zu einer Verhaltensänderung führen müssen, ist es notwendig, das neu Gelernte im Alltag anzuwenden. Das geschieht durch *Ausprobieren* und *Üben (Experimentieren).* Der Therapeut kann den Klienten darin unterstützen, indem er mit ihm das neue Verhalten im Rollenspiel einübt oder ihm „Hausaufgaben" vorschlägt, die darauf gerichtet sind, die neuen Erkenntnisse außerhalb der Therapiesitzungen zu erproben.

Im Anschluß an seine „Arbeit" ist es für Herbert unproblematisch, auf Ulrike zuzugehen. Ob er jedoch in der Lage sein wird, nun auch außerhalb der Gruppensitzungen so leicht Kontakte aufzunehmen, ist fraglich. Das neue Verhalten muß eingeübt werden, um im Alltag frei verfügbar zu sein. Deshalb schlägt der Therapeut vor, in der Gruppe Rollenspiele durchzuführen. Herbert soll mit den anderen üben, jemanden in der Öffentlichkeit anzusprechen. Im geschützten Rahmen der vertrauten Gruppe sind solche Übungen leichter möglich als draußen „vor Ort". Doch auch dort kann Herbert die Kontaktaufnahme zu anderen Menschen üben, um zunehmend angstfreier und sicherer zu werden. Da er gelernt hat, sich besser wahrzunehmen und sein Problem zu verstehen, werden ihm diese Übungen leichter fallen als einem anderen Menschen mit ähnlichen Problemen, der jedoch seine unerledigten Aufgaben weder kennt, noch abgeschlossen hat. Seine Kontakterfahrungen, Erfolge wie Mißerfolge, kann Herbert mit den Gruppenteilnehmern anschließend besprechen. Sie werden ihn ermutigen, unterstützen und bestätigen (äußere *Stützen*).

In weiteren Übungen könnte Herbert erproben, etwas abzulehnen, was andere ihm gegen seinen Willen aufdrängen wollen.

9

Therapeutische Interventionen

Interventionen sind Handlungen, die der Therapeut einsetzt, um bestimmte Ziele zu erreichen.

Allgemein wird der Therapeut so handeln, wie es seiner *Persönlichkeit, Ausbildung* sowie *Lebens-* und *Berufserfahrung* entspricht, und das tun, was er kann, was ihm liegt und was er sich zutraut. Er wird den *Entwicklungsstand* des Klienten berücksichtigen, indem er den Klienten weder über- noch unterfordert. Er wird die Möglichkeiten der *Behandlungssituation* beachten: Wenn er z.B. in einer Klinik mit stationären Patienten arbeitet, ist ihm bewußt, daß diese auch nach der Sitzung fachlich betreut werden. Ist er dagegen ambulant in einer Beratungsstelle oder einer Praxis tätig, sorgt er dafür, daß der Klient die neuen Erfahrungen bereits während der Sitzung hinreichend verarbeitet, so daß dieser bis zur nächsten Sitzung keine fachliche Hilfe benötigt.

Die Art und Weise, wie der Therapeut mit dem Klienten umgeht, wirkt für den Klienten als *Vorbild,* mit sich selbst entsprechend umzugehen. So lernt der Klient, sich ebenso zu akzeptieren, wie er vom Therapeuten akzeptiert wird; sich zu ermutigen, wie er ermutigt wird; sich zu trösten, wie er getröstet wird; sich zu fordern, wie er gefordert wird; sich zu bestätigen, wie er bestätigt wird, und sich zu vertrauen, wie ihm vertraut wird.

Folgende unterschiedliche Vorgehensweisen können nen als therapeutische Interventionen eingesetzt werden:

Fördern

Der Therapeut fördert die Entwicklung des Klienten, indem er es ihm erleichtert, neue Erfahrungen zu machen. Hierbei nimmt er dem Klienten die Arbeit nicht ab, sondern gibt nur soviel Hilfestellung, wie der Klient benötigt, um mit eigener Hilfe weiterzukommen.

Im Rollenspiel übernimmt die Therapeutin die Rolle der Mutter, bis Ellen ihre Wut spüren und äußern kann. In der Auseinandersetzung mit der „Mutter" kommt Ellen von sich aus zu neuen Einsichten.

Stützen

Der Therapeut gibt dem Klienten die Unterstützung, die dieser braucht, um Kontakte riskieren zu können. Hierzu schafft er eine Atmosphäre von Vertrauen, Sicherheit, Geborgenheit und Wertschätzung.

Die Therapeutin hört Ellen interessiert und geduldig zu. Als Ellen schick gekleidet und geschminkt in die Therapiesitzung kommt, reagiert die Therapeutin – anders als Ellens Mutter – mit einem akzeptierenden Lächeln.

Frustrieren

Um den Klienten nicht zu entmündigen, wird der Therapeut ihn nur soweit unterstützen, wie es nötig ist. Er wird manche Erwartungen des Klienten nicht erfüllen und ihn auf diese Weise frustrieren, wenn er überzeugt ist, es dem Klienten so zu erleichtern, sich selber zu helfen.

Bei der Entscheidung, ob und wie der Therapeut bestimmte Wünsche des Klienten unter therapeutischer Zielsetzung frustrieren soll, orientiert er sich an der Tragfähigkeit der Therapeut-Klient-Beziehung und am Entwicklungsstand des Klienten.

In der 29. Sitzung fragt ein Klient, der bereits beachtliche Fortschritte gemacht hat, den Therapeuten: „Was raten Sie mir: Soll ich meine Arbeitsstelle kündigen oder nicht?" – Der Therapeut lächelt und antwortet: „Merken Sie, was Sie jetzt gerade machen?" Damit weist er den Klienten darauf hin, daß dieser seine Verantwortung für sich dem Therapeuten zuzuschieben versucht. Der Therapeut soll für den Klienten eine Entscheidung treffen, die der Klient selbst treffen kann.

Wenn demgegenüber ein stärker beeinträchtigter Patient dem Therapeuten in der 3. Sitzung die gleiche Frage stellt, antwortet dieser: „Das ist eine wichtige Frage. Ich schlage vor, daß wir gemeinsam überlegen, welche Konsequenzen es hat, wenn Sie sich so oder so entscheiden."

In keinem Fall beantwortet der Therapeut die Frage, was der Klient als Frustration erleben kann. Damit überläßt der Therapeut dem Klienten die Verantwortung für die Entscheidung. Im zweiten Beispiel bietet der Therapeut dem Klienten jedoch seine volle Unterstützung an, eine sinnvolle Entscheidung zu treffen.

Bei verwirrten Klienten, die sich in einer Krise befinden und nicht in der Lage sind, eigenverantwortlich zu entscheiden, verzichtet der Therapeut auf Frustrationen und übernimmt solange die Verantwortung, bis der Klient für sich selbst entscheiden kann.

Konfrontieren

Wenn der Therapeut den Klienten auf etwas aufmerksam macht, was dieser nicht erkennen kann,
nicht wahrhaben will oder verheimlichen möchte,
dann konfrontiert er ihn. Der Therapeut stellt seine
Sichtweise derjenigen des Klienten gegenüber. Er
ermöglicht dem Klienten dadurch, sich mit neuen
Sichtweisen auseinanderzusetzen.

Die Frage: „Was vermeiden Sie jetzt?" ist immer eine
Konfrontation. Der Therapeut deutet das Verhalten
des Klienten als „Vermeidung". Damit eröffnet er ihm
eine neue Sichtweise und einen Weg, Ängste zu überwinden. Der Klient fühlte sich unwohl oder geängstigt
und unterließ eine Handlung, um sich abzusichern.
Wenn er sein Verhalten als „Vermeidung" erkennen
kann, wird ihm deutlich, wozu er jetzt noch nicht in der
Lage ist, und was er lernen müßte, um weiterzukommen.
Als jemand, der *Ängste erleidet,* war er ein *passives Opfer.*
Als jemand, der *Kontakte vermeidet,* ist er ein *aktiv
Handelnder.* Wenn der Klient die konfrontative Deutung
für sich übernimmt und sich als jemand erkennt, der
etwas vermeidet, kann er sich für sein Verhalten selbst
verantwortlich fühlen und es damit auch ändern, wenn er
es möchte.

Der Therapeut wird den Klienten nur dann frustrieren oder konfrontieren, wenn die Therapeut-Klient-
Beziehung stabil ist und der Klient so weit fortge-
schritten ist, daß er dieses Vorgehen nicht als „Krän-
kung" erlebt, sondern als hilfreiche (wenn auch unangenehme) Anregung werten kann. Dies gilt in
besonderem Maße auch für die paradoxe Intervention.

Paradoxe Interventionen

Wenn der Therapeut den Klienten dazu auffordert, das zu tun oder zu verstärken, was eigentlich das Problem ist, erscheint das widersinnig bzw. paradox. Paradoxe Interventionen leiten sich von der Erkenntnis her, daß Veränderungen leichter möglich sind, wenn das, was gegeben ist, akzeptiert wird.

> Herberts Problem ist, daß er sich die Kehle zuschnürt, obwohl er lieber frei atmen und sprechen möchte. Der Therapeut sagt nicht: „Hör auf damit!", sondern: „Bleib dabei. Schnür dir deine Kehle zu!" Hierdurch wird Herbert in drastischer Weise deutlich, daß er es selbst ist, der sich die Kehle zuschnürt und damit seine Lebensmöglichkeiten beschneidet. Der Therapeut weiß, daß Herbert sich nicht erwürgen, sondern spätestens an dem Punkt aufhören wird, wo er den Druck nicht mehr aushält. Bevor sich die Blockierung jedoch lösen kann, muß sie zunächst ausgehalten und verstärkt werden.

Anregen und Verstärken

Der Therapeut ermutigt den Klienten, Kontakte herzustellen und sich mit sich selbst und anderen auseinanderzusetzen. Er regt den Klienten an, neue Erfahrungen zu machen. Er „verstärkt" die Fortschritte, wenn er an der Entwicklung des Klienten interessiert Anteil nimmt und sich mit ihm über die Erfolge freut. Er lobt den Klienten, wenn dieser etwas riskiert hat, und weist ihn auf seine Fähigkeiten und Stärken hin.

Die *unbedingte Wertschätzung* des Klienten ist jedoch nicht von dessen Erfolgen abhängig. Bei Mißerfolgen und Rückschlägen wird der Therapeut den Klienten trösten, bis neue Ermutigungen möglich sind.

Der Therapeut regt an, daß Herbert eine Frau anspricht. Er ermutigt ihn, sich mit der Oma und der Mutter auseinanderzusetzen. Er lobt Herbert für seine Kraft (nach dem Rollenspiel mit der „Oma"). Die Gruppenteilnehmer bewundern Herberts Mut.

Vergegenwärtigen

Der Therapeut orientiert sich an dem, was hier und jetzt gegeben ist, und gestaltet seine Interventionen so, daß der Klient das, was zur gegenwärtigen Problematik führte, erinnert. Wenn der Klient blockiert ist und keinen Ausweg mehr sieht, fragt er z.B.: „Woher kennen Sie das?" Wenn der Klient sich erinnert, bittet der Therapeut ihn, das Erinnerte nicht zu erzählen, sondern (z.B. im Rollenspiel) so darzustellen, als geschehe es in diesem Augenblick.

Folgende Fragen des Therapeuten führen Herbert dahin, die Fütterungsszene mit der Oma zu erinnern: „Was darf nicht raus? ...Welches Essen? ...Welche Oma? ...Wie alt bist du da?"
Intervention, die zur *Vergegenwärtigung* der Fütterungsszene führt:
„Stell dir vor, du bist vier und willst nicht essen. Doch du *mußt!* (Therapeut als „Oma":) Mach den Mund auf!" (er führt seine Hand an Herberts Mund, so als wollte er ihn füttern).

10

Therapeutische Techniken

Zum „Handwerkszeug" eines Therapeuten gehören die Techniken. Das sind ganz bestimmte Vorgehensweisen, die der Therapeut einsetzt, um neue Erfahrungen zu ermöglichen. Hierbei orientiert er sich an der gegebenen Situation innerhalb des Therapieverlaufs, am Entwicklungsstand des Klienten und an den Zielen, die erreicht werden sollen. Einige dieser Techniken sind:

Bewußtheit lenken

Der Therapeut lenkt die Bewußtheit des Klienten, indem er ihn auf etwas aufmerksam macht. Er möchte, daß der Klient seine Wahrnehmung auf bestimmte Vorgänge richtet, um sich damit auseinanderzusetzen.

> Die Therapeutin sagt zu Ellen: „Ihre Augen sind ganz traurig, doch ihr Mund lächelt, wenn Sie sprechen." Hiermit lenkt die Therapeutin Ellens Bewußtheit auf den inneren Konflikt zwischen dem Bedürfnis zu weinen und der Angst, anderen zur Last zu fallen. Anschließend kann Ellen ihre traurige Situation beweinen und spüren, wie mühsam es ist, sich ständig zusammenzunehmen.

Experimentieren

Experimentieren bedeutet, etwas auszuprobieren, ohne genau zu wissen, wie das Ergebnis sein wird. Gestalttherapie ist immer experimentell, wenn der Therapeut den Klienten dazu anregt, neue Erfahrungen zu machen.

Der Therapeut fordert Herbert auf, eine Frau, die ihm gefällt, anzusprechen. Damit schlägt er ein Experiment vor, dessen Ausgang ungewiß ist. Er ermöglicht, daß Herbert merkt, wie er sich blockiert.

Rollenspiel

Die dramatische Rollenspieltechnik, die Perls aus dem Psychodrama von Moreno übernommen hat, bietet dem Klienten eine Möglichkeit, sich mit wichtigen Bezugspersonen auseinanderzusetzen, obwohl diese nicht wirklich anwesend sind. Der Therapeut oder ein Gruppenteilnehmer übernimmt die Rolle der betreffenden Bezugsperson. Oder der Therapeut stellt einen leeren Stuhl vor den Klienten und bittet ihn, sich den anderen zunächst genau vorzustellen und dann ein Gespräch mit ihm zu führen.

Rollentausch

Beim Rollentausch übernimmt der Klient im Wechsel die Rolle des nicht anwesenden anderen, mit dem er sich auseinandersetzt. Indem er den anderen spielt, wird er sich in diesen hineinversetzen und sich mit ihm identifizieren, d.h. die Welt mit dessen Augen sehen. So kann er besser nachempfinden, was der andere in der jeweiligen Situation denkt und fühlt.

Innerer Dialog

Beim inneren Dialog nimmt der Klient nicht mit anderen Personen Kontakt auf, sondern mit Teilen seiner Persönlichkeit. So stellt er sich z.B. seine Angst als Gesprächspartner vor, mit der er in einen Dialog tritt. Hierbei spricht er abwechselnd sowohl für sich als auch für seine Angst. Oder er läßt zwei Gefühle, wie z.B. Angst und Neugier, miteinander reden, indem er jeweils für sie spricht. Gegensätze, die sich miteinander im Konflikt befinden und dadurch die Entwicklung des Klienten behindern, können auf diese Weise verdeutlicht und versöhnt werden.

Ellen ist auf ihre Mutter wütend, weil diese sie mit häufigen Anrufen belästigt. Sie hat aber auch Mitleid mit der Mutter, wenn sie an deren Schicksal denkt. Ihr Mitleid blockiert sie, der Mutter Grenzen zu setzen. Die Therapeutin fordert Ellen auf, „Wut" und „Mitleid" miteinander ins Gespräch zu bringen. Was würde die „Wut" dem „Mitleid" sagen? Z.B.: „Ich bin es leid, von dir behindert zu werden. Ich muß raus, damit Ellen frei wird, ihren eigenen Weg zu gehen!" Was würde das „Mitleid" der „Wut" antworten? Z.B.: „Nimm Rücksicht, die Mutter könnte es nicht überleben, wenn du dich ihr zeigst!" Wie könnten „Wut" und „Mitleid" sich einigen? Z.B.: „Wut" und „Mitleid" vereinbaren den Kompromiß, daß Ellen die Mutter ohne Vorwürfe bitten soll, seltener bzw. nur zu geregelten Zeiten anzurufen.

Durch den inneren Dialog zwischen „Wut" und „Mitleid", den Ellen führt, indem sie sich abwechselnd mit diesen beiden Persönlichkeitsanteilen identifiziert und für diese spricht, kommt es zum besseren Verständnis des Konfliktes, zur Versöhnung der Gegensätze und damit zu neuen Handlungsmöglichkeiten.

Hat der Klient zu bestimmten Teilen seines Körpers ein „gespaltenes Verhältnis", indem er diese Teile nicht mag, ablehnt oder verleugnet, kann er mit ihnen ein Gespräch führen, um sie besser kennenzulernen und anzunehmen. Wenn er sich die von ihm gefühlsmäßig abgespaltenen Anteile seines Körpers hierdurch wieder aneignet, vervollständigt er die Ganzheit seiner Person.

Herbert hat Atembeschwerden, weil er zuviel raucht. Er weiß zwar, daß dies gesundheitsschädlich ist, doch im Grunde verschließt er die Augen davor. Der Therapeut fordert Herbert daher auf, mit seiner Lunge Kontakt aufzunehmen und mit ihr ins Gespräch zu kommen: „Was würde deine Lunge dir sagen, wenn sie sprechen könnte?" Herbert identifiziert sich mit seiner Lunge und spricht als „seine Lunge" zu sich selbst: „Es tut mir weh, wenn du rauchst. Ich bin vom ganzen Teer schon so verklebt, daß ich mich nicht mehr genügend ausdehnen kann, um dir zu helfen, frei durchzuatmen."

Durch die Identifikation mit seiner Lunge (er tut, als ob er seine Lunge wäre) bekommt Herbert einen gefühlsmäßigen Zugang zu einem Teil seines Körpers. Indem er mit seiner Lunge fühlt, kann er ihre Ansprüche besser erkennen und annehmen und die Verantwortung für seinen Körper entdecken.

Arbeit mit der Phantasie

Meist leiden wir nicht unter einer gegebenen Realität, sondern unter den Vorstellungen, die wir uns von dieser Realität machen.

Ellen möchte Herbert ansprechen, doch sie stellt sich vor, daß er sie abweisen wird. Herbert glaubt, daß seine Mutter ihn nicht liebte, weil sie sich so wenig Zeit für ihn nahm. Herbert und Ellen leiden unter ihren Phantasien, d.h. unter den Vorstellungen, die sie sich von der Realität machen. Sie haben jedoch nicht überprüft, ob die Realität tatsächlich ihren Vorstellungen entspricht.

Indem der Therapeut Experimente vorschlägt, ermöglicht er dem Klienten, seine Phantasie an der Realität zu überprüfen. Nur so kann der Klient erfahren, ob er sich getäuscht und nur deshalb gelitten hat, weil er sich von der Realität eine falsche Vorstellung gemacht hatte. Einerseits konfrontiert der Therapeut den Klienten mit der Realität, um unbegründete Phantasien aufzulösen. Andererseits setzt er bestimmte Phantasien gezielt ein, um Veränderungen zu bewirken. Nur mit Hilfe seiner Phantasie ist es dem Klienten möglich, sich mit Personen auseinanderzusetzen, die nicht anwesend oder bereits verstorben sind. Vergangene Kränkungen, unverarbeitete Schuld, aber auch Zukunftsängste oder Lebenspläne können über die Phantasie vergegenwärtigt und somit der therapeutischen Bearbeitung zugänglich gemacht werden. So ist die Phantasie die Eintrittskarte, mit der die Welt des Klienten in die Therapiesitzung gelangt.

Traumarbeit

In der Gestalttherapie werden die Träume des Klienten nicht nach einem bestimmten Schema gedeutet, sondern als Projektionen des Klienten angesehen, mit denen in der Therapie gearbeitet werden kann. Jeder Trauminhalt, sei es eine Person, ein Gegenstand oder eine Landschaft, wird als ein Teil der Persönlichkeit des Klienten behandelt, den dieser nach außen projiziert hat. In der Traumarbeit erzählt der Klient seinen Traum in der Gegenwartsform. Daraufhin identifiziert sich der Klient nacheinander mit einzelnen Trauminhalten, indem er für diese spricht, als sei er selbst die Person, der Gegenstand oder die Landschaft, die er geträumt hat. Hierdurch eignet er sich die nach außen projizierten Persönlichkeitsanteile wieder an und kommt zu neuen Einsichten über sich selbst und sein Leben.

Ellen berichtet in der Therapie, daß sie einen Traum hatte, der sie beunruhigt. Die Therapeutin bittet Ellen, den Traum so zu erzählen, als würde er sich gerade ereignen.

Ellen: Ich geh durch eine Wüste, es ist sehr heiß, und ich bin durstig. Als ich vor mir eine grüne Oase sehe, laufe ich schneller, um an das Wasser zu kommen. Doch da ist eine dicke Glaswand, die mich von der Oase trennt. Ich versuche, sie zu überwinden, doch sie ist unendlich hoch und breit und auch so stark, daß ich sie nicht zerschlagen kann. Dann geht ein Mann vorbei. Ich rufe, schlage gegen die Glaswand, doch er hört und sieht mich nicht und verschwindet, ohne mich zu bemerken. In der Oase ist ein buntes Treiben. Alle sind glücklich, doch ich kann nicht mitmachen. Dann bin ich aufgewacht und hatte eine ganz trockene Kehle.

Th.: Was fällt Ihnen spontan zu Ihrem Traum ein?

Ellen: Ja, das ist meine Situation: Ich möchte dazugehören und leben, doch etwas hindert mich daran. Ich kann das Ziel sehen, aber es ist für mich unerreichbar.

Th.: Stellen Sie sich jetzt mal vor, daß Sie alles, was Sie träumen, selber sind. Sie sind die Wüste, die Oase, die Glaswand, der Mann usw. Wie ist das, eine Wüste zu sein? Was haben Sie als „Wüste" über sich selber zu sagen?

Ellen: Ich soll die Wüste sein?

Th.: Ja. Was sagen Sie als „Wüste"?

Ellen: Nun. Ich bin eine öde Wüste. Ich bin ganz heiß.

Der Wind macht mit mir, was er will. Ich leiste keinen Widerstand. Ich passe mich der Erdoberfläche an.

Th.: Gut. Und als Oase?

Ellen: Ich bin die Oase. Ich bin grün und saftig. In mir ist ein buntes Treiben. Alle sind glücklich, mich erreicht zu haben. Ich lösche den Durst der Wanderer. Sie lieben mich, denn ich bin sehr verlockend (lacht)... Und dann das Wasser. Es ist kühl...

Th.: Ich bin kühl...

Ellen: Ich bin kühl. Ich bringe Leben. Ich fließe, sammle mich in einer Mulde, bin ein See, in dem andere baden gehen. Aber keiner kann mich festhalten. Ich laufe immer wieder weg, dorthin, wo es weniger hoch ist... Und dann die Glaswand. Ich bin eine Glaswand, hart und durchsichtig. Jeder kann durch mich sehen, mich durchschauen, doch keiner mich überwinden. Ich bin die Grenze zwischen Tod und Leben. Ich schütze die Oase...

Th.: Und der Mann?

Ellen: Ich bin nicht der Mann!

Th.: Was ist mit dem Mann?

Ellen: Er hört mich nicht, sieht mich nicht...

Th.: Ich höre Ellen nicht, sehe sie nicht...

Ellen: Ich bin taub und blind und gehe vorbei...

(schweigt)

Th.: Was ist jetzt?

Ellen: Es ist mein Vater. Er haut einfach ab, doch er kann mich nicht hören. Die Wand ist zu dick. (weint)

Durch die Arbeit mit diesem Traum erfährt Ellen nicht nur Wichtiges über sich selbst, sie erhält auch einen Hinweis auf ihren Vater, der nicht in der Lage war, ihre Not zu erkennen.

Die Therapeutin interpretiert oder deutet nicht, warum Ellen dieses oder jenes träumt oder warum sie bei der Identifikation mit den Trauminhalten so oder so reagiert. Ihr ist wichtig, daß Ellen von sich aus Neues entdeckt und Aspekte ihrer Persönlichkeit wahrnehmen und annehmen kann, die ihr vorher verborgen waren.

Ellen ist nicht nur eine „öde Wüste", sondern auch eine „saftige Oase". Sie ist nicht nur „kühl", sondern auch „heiß", nicht nur „hart", sondern auch „verlockend". Die Traumarbeit hinterläßt sie mit der offenen Frage, wieso ihr Vater nicht in der Lage war, sich in sie einzufühlen. Ellen wird neugierig darauf, die Lebensgeschichte ihres Vaters zu erforschen.

11

Kreative Medien

In der klassischen Gestalttherapie gibt es zwei Wege, über die psychische Vorgänge ausgelöst, ausgedrückt und verarbeitet werden: die *Sprache* und der *Körper*. So können Gefühle z.B. durch gezielte Fragen oder körperliche Berührungen *ausgelöst* werden. Wut *äußert* sich im Anschreien, aber auch in der geballten Faust. Und Trauer wird durch Zuspruch oder tröstendes Streicheln *verarbeitet*.

Kreative Medien sind Hilfsmittel, die der Therapeut in der Integrativen Therapie ergänzend einsetzt: Ton, Farben, Masken, Poesie, Märchen, Musik, Bewegung, Tanz, Puppen- und Theaterspiel usw. Sie werden angewendet, um Erinnerungen wachzurufen, Gefühle auszulösen und auszudrücken, besondere Stimmungen entstehen zu lassen oder etwas zu verdeutlichen und zu verarbeiten.

> Wenn ein Klient es ablehnt, sich im Rollenspiel mit einer wichtigen Person auseinanderzusetzen, wird der Therapeut dies akzeptieren und mit dem Klienten die konkreten Befürchtungen klären. Daraufhin schlägt er ihm vielleicht andere Möglichkeiten vor, mit abwesenden Personen Kontakt aufzunehmen. Z.B. kann der Klient der Mutter einen Brief schreiben, um ihr das mitzuteilen, was er ihr schon immer sagen wollte. Dieser Brief kann in oder außerhalb der Therapiesitzung geschrieben werden. Er kann geheim bleiben oder dem Therapeuten vorgelesen werden. Er muß nicht abgeschickt werden. Der Klient kann aber auch ein Gespräch mit der Mutter wie

eine Theaterszene aufschreiben oder das, was er ihr sagen möchte, zu Hause auf Band sprechen. Er kann ein Gedicht oder eine Geschichte dazu schreiben, ein Bild malen oder die Begegnung mit der Mutter als Pantomime darstellen.

Es gibt vielfältige Möglichkeiten, mit Hilfe verschiedener Medien die Therapie an die Bedürfnisse und Fähigkeiten des Klienten anzupassen. Sind die zu bearbeitenden Probleme auf Einflüsse in der frühen Kindheit, als der Klient noch nicht sprechen konnte, zurückzuführen, ist die Sprache nicht das geeignete Mittel, um die „frühen Schädigungen" zu vergegenwärtigen. Nicht-sprachliche Medien sind hier unverzichtbar, um dem Klienten zu ermöglichen, seine frühkindliche Lebenswelt gefühlsmäßig wiederzubeleben.

Der Therapeut muß in jeder Therapiesituation entscheiden, mit welchen Interventionen, Techniken oder Medien er einen Klienten am besten erreichen kann, um ihm gezielt weiterzuhelfen.

– 12 –
Formen der Gestalttherapie

Bei der *Einzeltherapie* treffen sich Therapeut und Klient zu regelmäßigen Sitzungen (eine oder mehrere Sitzungen pro Woche/Einzelstunde meist 50 Minuten oder Doppelstunde meist 100 Minuten). Hierbei sind zu unterscheiden: *Krisenintervention* (1-6 Sitzungen), *Kurzzeit-* bzw. *Fokaltherapie* (ca. 30 Sitzungen) und *mittelfristige Therapie* (ca. 30 - 60 Sitzungen) zur Bearbeitung einer bestimmten Problematik wie z.B. Klärung und Stabilisierung der Lebenssituation nach Verlust wichtiger Bezugspersonen (Tod, Scheidung) oder Behandlung spezifischer Ängste. Bei einer *langfristigen Therapie (Gestaltanalyse:* ca. 60-200/300 Sitzungen über 2-3 Jahre) geht es um die Gesamtbehandlung der Person unter Berücksichtigung des Körpers (Psychosomatik, Sexualität, Ernährung usw.), der Seele (Ängste, Depressionen, Wut, Trauer, Freude usw.), des Geistes (Lebenseinstellungen, Werte, Sinnfindung, Religion, Zukunftspläne usw.) sowie der Lebenswelt des Klienten (Familie, Freunde, Partner, Kollegen, Arbeitsplatz, Wohnen usw.). Langfristige Therapien sind notwendig, wenn schwerwiegende Defizite („frühe Schädigungen") auszugleichen oder zu mindern sind.

Bei der *Gruppentherapie* treffen sich ca. 7-16 Klienten mit 1-2 Therapeuten für eine bestimmte

Zeit (z.B. 2 Jahre) zu regelmäßigen Sitzungen (z.B. wöchentlich oder 14-tägig jeweils 2 Stunden).

Gestalt-Workshops oder *Gestalt-Seminare* sind Gruppentreffen für ein Wochenende oder eine Woche zur Weiterbildung und Selbsterfahrung von Mitarbeitern aus psychosozialen Berufen (Auswahl bestimmter Themen wie z.B. Liebes- und Beziehungsfähigkeit, Umgang mit Aggressionen, Ablösung von den Eltern).

Bei einem *Gestalt-Kibbuz* leben und arbeiten Therapeuten und Klienten für eine bestimmte Zeit (z.B. mehrere Wochen) an einem besonderen Ort (z.B. auf einer Insel oder in einem Schloß) zusammen, um in der Abgeschiedenheit vom gesellschaftlichen Alltagsleben gemeinsam neue Erfahrungen zu machen.

In einer *Therapeutischen Wohngemeinschaft* leben und arbeiten Klienten unter Anleitung unterschiedlicher Therapeuten (Gestalttherapeuten, Arbeits-, Kunst-, Musiktherapeuten etc.) für 1-2 Jahre, um zu lernen, ihr Leben neu zu gestalten. So lernen Drogenabhängige, drogenfrei und nicht mehr gegen-, sondern mit- und füreinander zu leben und sich eigenverantwortlich zu versorgen *(Nachsozialisation/Rehabilitation)*.

In der *Paar-* und *Familientherapie* treffen sich Paare oder Familien mit einem Therapeuten oder Therapeutenpaar, um miteinander ihre Probleme zu klären und zu lösen.

Nach dem diagnostischen Erstinterview schlägt der Therapeut Herbert eine Gruppentherapie vor, weil er ihn für belastbar genug hält, sich direkt mit anderen auseinanderzusetzen. In einer Gruppe hat Herbert vielfältige Möglichkeiten, seine Kontaktprobleme zu bearbeiten.

Eine Gruppentherapie hätte Ellen anfangs überfordert. Da Ellen in ihrem bisherigen Leben nur wenig Zuwendung erhielt, ist es nun wichtig, daß sie die Aufmerksamkeit der Therapeutin während der Sitzungen ganz allein für sich hat. Da eine langfristige Einzeltherapie für Ellen die angemessene Therapieform ist, um ihre Defizite zu bearbeiten, hat die Therapeutin mit ihr vereinbart, die Therapiedauer auf drei Jahre festzulegen.

13

Für wen eignet sich die Gestalttherapie?

Die Gestalttherapie eignet sich in erster Linie für Personen,

- die Probleme im Umgang mit anderen Menschen haben (Kontaktstörungen, Beziehungsprobleme, soziale Ängste),
- denen es schwerfällt, eigene Gefühle und Bedürfnisse wahrzunehmen und zu äußern,
- die Probleme mit ihrem Körper haben (psychosomatische Beschwerden, Umgang mit befürchteten oder bestehenden körperlichen Mängeln, Krankheiten oder Funktionsstörungen),
- denen es schwerfällt, Entscheidungen zu treffen und neue Erfahrungen zu riskieren.

Aufgrund der großen Bandbreite therapeutischer Stile, Interventionen, Techniken, Medien und Formen ist es möglich, die Gestalttherapie den vielfältigen Problemen und dem jeweiligen Entwicklungsstand unterschiedlicher Klienten anzupassen.

So eignet sich die klassische Gestalttherapie (Gruppentherapie im Westküstenstil) zur Selbsterfahrung und Persönlichkeitsentwicklung *„gesunder"* *Klienten* und zur Behandlung leichter *Neurosen*. Handelt es sich dagegen um stärker beeinträchtigte Klienten *(klinische Patienten* mit frühen Störungen, Defiziten oder Traumatisierungen), ist eine langfristige Einzeltherapie (Ostküstenstil/Integrative

Therapie/Gestaltanalyse) mit ihren stützenden, fördernden und bestätigenden Interventionen zu empfehlen.

Bei *neurotischen Patienten* wird der Gestalttherapeut konfliktorientiert arbeiten, indem er die problematische Vergangenheit vergegenwärtigt, damit die frühen Konflikte wiederholt und verarbeitet werden können.

Die Gestalttherapie wird bei vielen *„psychiatrischen Krankheiten"* mit Erfolg angewendet. Auch hier zeigt sich das verantwortliche therapeutische Handeln darin, daß der Therapeut seine Vorgehensweise der jeweiligen Problematik und dem gegebenen Entwicklungsstand des Patienten anpaßt. So wird er z.B. die geringe Belastbarkeit *psychotischer Patienten* beachten und mit ihnen nicht „aufdeckend", sondern „stützend" sowie gegenwarts- und realitätsbezogen arbeiten. Er wird alles unterlassen, was diese Patienten verwirren könnte, und sie weder frustrieren, noch konfrontieren. Er wird nicht-sprachliche Medien (z.B. Musik, Farben, Puppen) einsetzen, um mit den Patienten in Kontakt zu kommen und ihr Vertrauen zu gewinnen.

In der Arbeit mit *psychosomatischen Patienten* wird der Gestalttherapeut körper- und bewußtheitsorientiert arbeiten, um den Patienten den Zugang zu ihren Gefühlen zu ermöglichen.

Weitere Anwendungsbereiche der Gestalttherapie sind: Arbeit mit *Kindern und Jugendlichen* (Einbezug kreativer Medien, z.B. Theaterspiel), mit *alten, kranken* und *sterbenden Menschen* (Abbau von Isolation, Trauerarbeit, Sinnfindung, Umgang mit körperlichen Gebrechen, Sterbehilfe), mit *Randgruppen,* wie z.B. mit *Drogenabhängigen* (Therapeutische Wohngemeinschaften), mit *Nicht-Seßhaften* und *Unterschichtklienten* und im *Strafvollzug.*

Paul Goodman, Mitbegründer der Gestalttherapie, entwickelte Lebensgemeinschaften und Selbsthilfegruppen, um die gesellschaftliche Isolation mit Hilfe solidarischen Handelns zu überwinden (z.B. für *Drogenabhängige, Alkoholiker, Homosexuelle, alte Menschen).*

14

Wie Sie einen geeigneten Therapeuten finden

Da es für Sie geeignete und ungeeignete Therapeuten gibt, die zu Ihrer gegenwärtigen Lebenssituation mehr oder weniger „passen", ist Ihre Entscheidung für einen bestimmten Therapeuten und die damit verbundene Therapie immer ein Risiko ohne Erfolgsgarantie. Die Möglichkeit, enttäuscht zu werden, läßt sich niemals ausschließen, wenn Menschen Beziehungen eingehen. So sind auch die besten Therapeuten Menschen mit Schwächen, die Fehler machen und scheitern können. „Gute" Therapeuten kennen jedoch ihre Schwächen und berücksichtigen sie bei der Arbeit. Obwohl es den idealen Therapeuten nicht gibt und es vielmehr darauf ankommt, herauszufinden, welcher Therapeut für welchen Klienten in welcher Lebenssituation hilfreich ist, gibt es doch Auswahlkriterien, die Sie berücksichtigen sollten.

Merkmale, die auf einen „guten" Therapeuten hinweisen:

Lebenserfahrung

Je mehr Erfahrungen ein Therapeut mit sich und anderen gemacht und verarbeitet hat, desto besser kann er sich in die Klienten einfühlen, die diese Erfahrungen noch vor sich haben oder gerade durchmachen (z.B. Auseinandersetzung mit der eigenen Familie, mit Einsamkeit, Partnerschaft, Kindererziehung, Krisen, Krankheiten, Sterblichkeit, Abhängigkeiten, Trennungen). Doch: Es gab auch eine weltberühmte und erfolgreiche Familientherapeutin, die nie eine Familie gegründet hatte.

Berufserfahrung

Ein „guter" Therapeut hat seine Berufserfahrungen über mehrere Jahre in unterschiedlichen Berufsfeldern erworben (z.B. Klinik, Beratungsstelle, Therapeutische Wohngemeinschaft). Er sollte für 1-3 Jahre in einer Psychosomatischen oder Psychiatrischen Klinik (also mit „klinischen Patienten") gearbeitet haben.

Therapieausbildung

Neben seinem Beruf (z.B. Diplom-Psychologe) verfügt der Therapeut über mindestens eine mehrjährige berufsbegleitende Therapieausbildung. In der Gestalttherapie gehört hierzu eine mehrjährige *Lehr-* bzw. *Gestaltanalyse* sowohl bei einem Lehrtherapeuten als auch bei einer Lehrtherapeutin eines Ausbildungsinstituts. Wer Klienten therapiert, sollte selbst erfahren haben, wie es ist, sich als Klient einem Therapeuten anzuvertrauen. In seiner eigenen Gestaltanalyse lernt der Therapeut unter fachlicher Begleitung, seine Möglichkeiten und Grenzen, Stärken und Schwächen wahrzunehmen, sich damit auseinanderzusetzen und verantwortlich damit umzugehen

(Persönlichkeitsentwicklung). Seine Gruppenerfahrung hat der Therapeut als Teilnehmer einer mehrjährigen Ausbildungsgruppe *(Selbsterfahrung/Gruppentherapie)* und in verschiedenen *Gruppenseminaren* gewonnen. Während seiner Ausbildungszeit hat er die Durchführung seiner Therapien mit einem Lehrtherapeuten besprochen *(Kontrollanalyse)*. Ein guter Therapeut verfügt über umfassende Theoriekenntnisse und wird sich über seine Therapieausbildung hinaus fortbilden, um seine beruflichen Fähigkeiten und Fertigkeiten weiterzuentwickeln.

Ein Gestalttherapeut, der diese Voraussetzungen erfüllt, wird mit Ihnen kompetent und verantwortlich umgehen. Doch es gilt ebenso: Auch ein Therapeut, der diesen Kriterien nicht genügt, könnte in Ihrer gegenwärtigen Lebenssituation für Sie persönlich ein „guter" Therapeut sein.

Wie Sie Therapeutenanschriften finden

Nehmen wir zunächst einmal an, daß Sie es sich leisten können und wollen, für eine Einzelsitzung von 50 Minuten gegenwärtig ca. 100-120 DM zu zahlen. Woher bekommen Sie die Anschriften von Gestalttherapeuten?

Es gibt zwei *Therapieverbände,* die Sie auf Anfrage nicht nur über Ausbildungsmöglichkeiten in Gestalttherapie informieren, sondern Ihnen auch Anschriften von Gestalttherapeuten nennen.

*Deutsche Gesellschaft für Gestalttherapie und
Kreativitätsförderung (DGGK)*
Berufsverband der Gestalttherapeuten e.V.
Brehmstraße 9
4000 Düsseldorf
Tel.: 0211/632624

Deutsche Vereinigung für Gestalttherapie e.V. (DVG)
Oberweg 54
6000 Frankfurt am Main 1
Tel.: 069/5975990

Eine weitere Möglichkeit ist das Branchen-Telefon-
buch („Gelbe Seiten"). Hier finden Sie Anschriften
Psychotherapeutischer/Psychologischer Praxen unter
den Rubriken „Psychologen"/„Psychologische Be-
ratung"/„Psychotherapeuten". Ob ein Psychologe
oder Psychotherapeut auch ein Gestalttherapeut ist,
müßten Sie erfragen, wenn es nicht angegeben ist.

Sie vereinbaren ein Erstgespräch

Sie haben für sich entschieden, ob Sie sich lieber
einem Mann oder einer Frau anvertrauen möchten
bzw. ob das Geschlecht des Therapeuten für Ihre
Wahl unerheblich ist. Kennen Sie niemanden, der
Ihnen einen bestimmten Therapeuten empfiehlt - was
Ihre Wahl erleichtern könnte -, werden Sie auf die
Suche gehen, um festzustellen, bei welchem Therapeuten Sie sich gut aufgehoben fühlen. Also vereinbaren Sie ein Erstgespräch, um einen Therapeuten
kennenzulernen. Hiernach gönnen Sie sich eine
Bedenkzeit, um in Ruhe zu entscheiden, ob Sie zu

diesem Therapeuten auch weiterhin gehen möchten. Vielleicht nehmen Sie auch die Möglichkeit wahr, verschiedene Therapeuten kennenzulernen, bevor Sie sich für einen entscheiden. Oder Sie möchten bei einem Therapeuten mehrere Sitzungen nehmen, bevor Sie Ihre Wahl endgültig treffen.

Nach welchen Kriterien sollten Sie sich entscheiden?

Da ist einmal Ihr Gefühl, das Ihnen sagt: Hier bin ich richtig oder falsch, oder hier bin ich mir (noch) nicht sicher. Da gefühlsmäßige Entscheidungen jedoch nicht immer die besten sind, sollten Sie auch Ihren Kopf befragen. Sie wissen ja bereits, daß Ihr Therapeut einige Voraussetzungen erfüllen sollte. Also fragen Sie ihn nach seiner Berufserfahrung und Therapieausbildung. Er muß Sie nicht über seine Lebenserfahrung informieren. Doch er sollte bereit sein, seine fachlichen Voraussetzungen mitzuteilen.

Wie würde ich mich entscheiden? Ich kann mich als Klient nur auf den Therapeuten einlassen, der mir sympathisch ist. Ich muß überzeugt sein, ihm vertrauen zu können. Er sollte warmherzig, aber unbestechlich sein, eine Autorität, die nicht arrogant oder überheblich ist. Er sollte nicht der „Kumpel" sein, mit dem ich lieber in eine Kneipe ginge, doch immerhin so faszinierend, daß ich neugierig wäre, mit ihm zu arbeiten. Ein Mensch, der liebevoll auf mich eingeht, mir jedoch auch die Grenzen setzt, die ich brauche, um mich auseinandersetzen zu können.

Welche Möglichkeiten haben Sie, wenn Sie Ihre Therapie nicht selbst finanzieren können?

Dann sind Sie auf Ihre *Krankenkasse* angewiesen, die die Kosten unter bestimmten Voraussetzungen und in festgelegten Grenzen übernimmt. Wenn ein von Ihrer Kasse als Gutachter anerkannter Arzt Ihre Probleme als „Krankheit" diagnostiziert und bestätigt, daß Ihre „Krankheit" nur durch eine Psychotherapie „geheilt" werden kann, dann muß Ihre Kasse die Kosten für eine „Psychotherapie" übernehmen. Sie ist jedoch nicht dazu verpflichtet, Ihre persönlichen Wünsche nach einem bestimmten Therapeuten bzw. einem besonderen Therapieverfahren zu erfüllen. Die Kostenübernahme für die „Heilung" Ihrer „Krankheit" durch einen bestimmten Therapeuten hängt davon ab, in welcher Kasse Sie versichert sind, wo Sie wohnen, und welchen Beruf (z.B. Diplom-Psychologe mit der Zusatzqualifikation „Klinischer Psychologe/Psychotherapeut BDP") und welche Therapieausbildung der Therapeut hat.

Wenn Sie möchten, daß Ihre Krankenkasse die Therapiekosten übernimmt, sollten Sie *vor Beginn* der Therapie klären, ob der von Ihnen gewählte Therapeut bereit und berechtigt ist, die Therapiekosten mit Ihrer Krankenkasse abzurechnen, und ob Ihre Krankenkasse die Kosten für eine Therapie bei diesem Therapeuten bewilligt.

Eine weitere Möglichkeit, einen Therapeuten zu finden, wenn Sie Ihre Therapie nicht selber finanzieren können, bieten *kommunale* und *kirchliche Beratungsstellen* oder ambulante Einrichtungen *gemeinnütziger Vereine* und sog. *freier Träger*. Die Anschriften finden Sie in der regionalen Tagespresse, in Stadtmagazinen oder im regulären Telefonbuch unter „Beratungsdienst", „Beratungsstelle", „Stadtverwaltung" (Beratungsstelle für Kinder, Jugendliche und Eltern), „Kirchen" (Caritasverband, Das Diakonische Werk, Evang. Regionalverband), „Jugend- und Drogenberatung", „Pro Familia" usw. In manchen Großstädten gibt es auch einen „Beratungsführer" mit einem Verzeichnis öffentlicher Beratungsstellen, den Sie im Buchhandel kaufen können.

Obwohl die öffentlichen Einrichtungen jeweils bestimmte Klientengruppen betreuen, lohnt sich ein Anruf, um zu klären, ob Sie mit Ihrer Problematik angenommen werden. So kann es sein, daß Sie auch als Single in einer kirchlichen Familienberatungsstelle oder in einer städtischen Beratungsstelle für Kinder, Jugendliche und Eltern Hilfe finden. Jugend- und Drogenberatungsstellen arbeiten nicht nur mit Jugendlichen, sondern auch mit jungen Erwachsenen und deren Bezugspersonen, nicht nur mit Drogenabhängigen, sondern auch mit Drogengefährdeten und solchen Personen, die (noch) nicht oder nicht mehr abhängig sind.

Und nun stellen Sie sich vor, daß Sie einen berufs-erfahrenen Therapeuten gefunden haben, der Ihnen sympathisch ist, und von dem Sie den Eindruck haben, daß er mit Ihnen kompetent und verantwort-lich umgeht. Die Krankenkasse übernimmt die Kosten bzw. die Therapie ist für Sie kostenlos. Die einzige Sorge, die Sie bewegt, ist, daß dieser Thera-peut eben kein Gestalttherapeut ist. Was nun?

Vielleicht kann ich Sie beruhigen. Es gibt eine Untersuchung, in der herausgefunden wurde, daß die Arbeitsweise von Therapeuten verschiedener Thera-pieschulen mit zunehmender Berufserfahrung immer ähnlicher wird. Entscheidend sind eben nicht die Schulen, Methoden und Techniken, sondern die Persönlichkeit, Lebens- und Berufserfahrung eines Therapeuten.

Zum Schluß:
Genutzte Chancen
Herbert und Ellen entwickeln sich

Die Wege, die Herbert und Ellen im folgenden gehen, um ihre Persönlichkeitsentwicklung zu fördern, entsprechen ihren individuellen Möglichkeiten. Andere Menschen werden andere Wege gehen, wenn sie erkennen, was ihnen gemäß ist. Viele Menschen entwickeln sich ohne therapeutische Unterstützung und helfen sich in Krisensituationen gegenseitig. Einige benötigen einen Anstoß, um ihr Leben selber in die Hand zu nehmen, andere eine längerfristige therapeutische Begleitung, um ihren Weg zu finden und zu erproben, bis sie schließlich eigenständig und in Verbundenheit mit Freunden fortschreiten können.

Herberts Gruppentherapie dauert zwei Jahre. In den 70 zweistündigen Sitzungen setzt sich Herbert immer wieder mit den für ihn wichtigen Bezugspersonen auseinander: mit der Oma, der Mutter, dem Vater, ja sogar mit dem Mann der Oma, seinem Großvater, den er nie kennengelernt hatte; dann mit verschiedenen Frauen (z.B. mit der geschiedenen Ehefrau, mit seiner ersten „großen Liebe", mit seiner Klassenlehrerin), mit den Gästen und dem Personal des Hotels, mit den jetzigen Kollegen und mit verschiedenen Gruppenteilnehmern.

Themen, die er bearbeitet, sind: Ablösung von den Eltern und den Großeltern, Männlichkeit und Mann-Werden, Partnerschaft und Liebesfähigkeit, Abhängigkeit, Einsamkeit, Bindungsängste, Depressionen, Beruf, Freizeit, Alkohol und Nikotin.

Mit der Therapie beginnt Herbert, sein Leben neu zu gestalten. Er befreundet sich mit Ulrike und geht mehrmals mit ihr aus. Sie schlafen miteinander, müssen jedoch erkennen, daß sie dabei nicht die Erfüllung finden, die sie sich gewünscht hätten. So verzichten sie auf das, was ihnen nicht vergönnt ist, und lernen das schätzen, was dennoch möglich ist: Freundschaft. Sie verbringen oftmals ihre Freizeit gemeinsam und rufen sich an, wenn sie sich einsam fühlen. Jeder nimmt Anteil am Leben des anderen.

Nachdem die Mutter ihre Operation gut überstanden hat, besucht Herbert sie an mehreren Wochenenden im Jahr und ruft sie wöchentlich an. Neugierig fragt er sie über die Zeit seiner Kindheit aus, an die er sich bewußt nicht mehr erinnern kann. Die Mutter gibt bereitwillig und gern Auskunft und ist erleichtert, mit ihm nun über vieles zu sprechen, was sie lange belastete. Herbert erfährt auch viel Schönes über die Zeit, als seine Eltern noch kein Geschäft hatten und sich intensiv um ihn kümmerten. Herbert kann akzeptieren, daß die Mutter jetzt Zeit für ihn hat. Und er schätzt es, daß sie sich nicht an ihn klammert und eine Freundin hat, mit der sie ihren Alltag teilt.

Eigentlich wollte Herbert Fotograf werden, aber der Vater hatte ihm das ausgeredet. Nun fühlt sich Herbert zu alt, um seinen Beruf zu wechseln. Doch er tritt einem Fotoclub bei und beginnt, Menschen zu fotografieren. Ja, es kommt vor, daß er verschiedene Leute auf der Straße anspricht und sie um Erlaubnis bittet, sie fotografieren zu dürfen. Hierbei ergeben sich viele Gespräche, die sein Leben bereichern. Die Fotos werden im Club vorgestellt, und Herbert bekommt Anerkennung für die originelle Gestaltung seiner Portraits (Ausstellung der besten Arbeiten in einem Café).

Im Club lernt er Ulli kennen, mit dem er sich befreundet. Dieser ist auch alleinstehend, und beide tauschen sich über ihre Probleme aus, eine Frau zu finden.

Auf einer Karnevalsveranstaltung spricht Herbert eine Frau an, die ihm gefällt. Sie tanzt mit ihm, nimmt ihn mit zu sich nach Hause und verführt ihn. Doch als er eine Beziehung mit ihr möchte, läßt sie ihn abblitzen. Hierdurch gerät er in eine Krise, die er in der Therapie bearbeitet.

Im Beruf hatte er im Umgang mit den Gästen nie
Probleme. In seiner Rolle als Geschäftsführer fühlte er
sich sicher. Den Kollegen gegenüber konnte er jedoch
nicht „nein" sagen. So ließ er sich zu Dienstzeiten über-
reden, die ihm eigentlich nicht paßten. Nach und nach
gelingt es ihm, seine Bedürfnisse anzumelden und bei
den Kollegen auch durchzusetzen. Er erreicht, daß er
weniger Abendschichten machen muß und jedes zweite
Wochenende frei hat.

Wenn er abends zu Hause allein ist, bleibt der Fernseher meist ausgeschaltet. Herbert entwickelt Fotos in
seiner Dunkelkammer, die er sich eingerichtet hat, liest
Bücher oder telefoniert. Er ist in der Lage, mit Alkohol
kontrolliert umzugehen, d.h. er trinkt hin und wieder ein
Glas Wein, wenn er mit anderen gesellig beisammen ist.

Gegen Ende der Therapie hat Herbert wertvolle, aber
auch enttäuschende Erfahrungen mit verschiedenen
Frauen hinter sich. Seine Hoffnung auf eine „feste Beziehung" bleibt unerfüllt, und sein Kinderwunsch wird
zu einem Thema, mit dem er sich nun auseinandersetzt.
Ist das sein Weg? Oder war es nicht vielmehr ein Weg,
von dem er glaubte, daß er sein müßte? Herbert ist traurig, wenn er daran denkt, daß sich viele seiner Träume
nicht erfüllt haben. Doch er ist nicht mehr depressiv.
Er kann sich über das freuen, was ihm trotz allem möglich
ist. Er genießt seine Freundschaften, die er pflegt und
vermehrt. Wenn er sich einsam fühlt, erträgt er diesen
Zustand, denn er weiß, daß das unangenehme Gefühl
vorbeigehen wird, wenn er nicht dagegen ankämpft.
Oder er beendet den Zustand, indem er aktiv etwas
unternimmt, mit anderen oder alleine.

Er hat gelernt, sich als Single zu akzeptieren, d.h. er
muß keine Frau und keine Kinder *haben,* um sich liebens-
wert zu finden. Er kann „Herbert" *sein.*

Er wird versuchen, weiterhin ohne Therapie zurechtzukommen. Wenn er jedoch den Eindruck hat, fachliche

Hilfe zu benötigen, wird er sich eine Therapeutin suchen, um in einer Einzeltherapie neue Erfahrungen zu machen, die er allein oder mit einem männlichen Therapeuten nicht machen könnte.

Ellens langfristige Einzeltherapie mit wöchentlichen Terminen bei der Therapeutin dauert drei Jahre und umfaßt 120 Sitzungen. Danach wird Ellen eine einjährige Therapiepause einlegen und anschließend entscheiden, ob sie für ein weiteres Jahr zu einem männlichen Therapeuten (vielleicht in eine Gruppentherapie?) geht. Während der Pause hat sie die Möglichkeit, mit ihrer Therapeutin kurzfristig Termine zu vereinbaren, falls es notwendig sein sollte (Krisenintervention).

In Ellens Einzeltherapie kommt es nur gelegentlich zu dramatischen Rollenspielen. Ellen berichtet von aktuellen Ereignissen, von Enttäuschungen und Fortschritten. Sie erinnert sich an Episoden aus ihrer Kindheit und Jugend, an ihre gescheiterten Beziehungen mit Männern sowie an die wechselnden Partner der Mutter. Wenn sie erzählt, ist sie gefühlsmäßig beteiligt. Sie ist traurig, wenn sie sich an Entbehrungen erinnert. Sie ist wütend, wenn sie wiedererlebt, wie mit ihr umgegangen wurde.

Wie eine gute Mutter nimmt die Therapeutin Anteil an Ellens aktuellen Erfahrungen und an ihrer vergegenwärtigten Geschichte. Sie akzeptiert Ellen mit deren Gefühlen und setzt sich mit ihr darüber auseinander, wie die Gegenwart unter Berücksichtigung der Vergangenheit zu verstehen ist. Ellen lernt zu akzeptieren, daß die Therapeutin Zeit für sie hat und ihre Freuden und Leiden verständnisvoll begleitet. Sie trauert, ohne Angst zu haben, die Therapeutin damit zu belasten.

Themen, die sie bearbeitet, sind: Ablösung von der Mutter, Verlust und Abwesenheit des Vaters, Enttäuschungen mit Männern, Neid auf die Schwester, Kontakt- und Bindungsängste, Depressionen, Rastlosigkeit, Schlafstörungen, Einsamkeit und Isolation, Angst vor Aggressionen und Sexualität.

Als die Mutter erfährt, daß ihre Tochter eine Therapie macht, reagiert sie verärgert. So etwas sei nur für „Verrückte". Ellen verteidigt sich und widerspricht ihrer Mutter. Diese zeigt sich beleidigt und ruft nun noch öfter an, um Ellen um verschiedene Gefälligkeiten zu bitten. Ellen fordert ihre Mutter dazu auf, nur noch einmal in der Woche anzurufen oder zu kommen. Daraufhin ruft die Mutter auch noch im Geschäft an, bis Ellen ihre Kolleginnen darüber informiert, daß sie für die Mutter nicht zu sprechen sei. Bei einer Aussprache mit der Mutter versucht Ellen, zu Regelungen zu kommen, um den Umgang miteinander zu erleichtern. Die Mutter reagiert jedoch ausweichend. Fragen nach dem Vater wehrt sie ab. Sie möchte die Vergangenheit ruhen lassen.

Als die Mutter zur Kur ist, durchstöbert Ellen die persönlichen Unterlagen der Mutter, bis sie einen Karton mit alten Briefen findet, die der Vater nach seinem Weggang geschrieben hat. Ellen wundert sich, daß die Briefe nicht im Ausland, sondern in einer nahe gelegenen Stadt abgestempelt wurden. Sie liest die Briefe und erfährt, daß der Vater zurückkommen wollte, die Mutter jedoch dagegen war.

Als die Mutter aus der Kur zurückkommt, stellt Ellen sie zur Rede und möchte wissen, wo ihr Vater ist. Es kommt zu einem Streit, bei dem Ellen von der Mutter erfährt, daß der Vater vor einigen Jahren an Krebs gestorben ist und auf dem Friedhof der Nachbarstadt begraben liegt. Daraufhin kommt es zum Bruch zwischen Mutter und Tochter. Beide vermeiden fortan jeglichen Kontakt.

Als Gerda, die Schwester, Ellen auffordert, sich bei der Mutter zu entschuldigen, trennt sich Ellen auch von ihr. Ellen bearbeitet diese sehr schmerzhaften Trennungen in ihren Therapiesitzungen. Als es ihr besser geht, entschließt sie sich, das Grab ihres Vaters zu besuchen. Hier scheint ihr der beste Ort zu sein, um dem Vater alles zu sagen, was sie ihm schon immer sagen wollte.

Nach einer Phase extremer Isolation beschließt Ellen, auf die Menschen zuzugehen. Sie meldet sich für einen Volkshochschulkurs zum Thema „Singles in der Großstadt" an. Dort lernt sie Hanne kennen, mit der sie sich befreundet. Auch außerhalb des Kurses treffen sie sich, um ihre Freizeit gemeinsam zu verbringen. Als Ellen Hanne zu Hause besucht, lernt sie deren Bruder Daniel kennen, der sich für sie interessiert. Sie geht mit ihm aus und beide verlieben sich ineinander. Einige Wochen genießt Ellen ihr Glück. Doch dann erfährt sie, daß Daniel ins Ausland gehen wird, um seine berufliche Karriere zu fördern. Ellen ist zutiefst erschüttert und vermeidet es, Daniel weiterhin zu treffen. Sie gerät in eine Krise, die sie mit ihrer Therapeutin bearbeitet, bis sie in der Lage ist, mit Daniel über ihre Ängste zu sprechen. Sie beginnt zu erkennen, daß Daniel ein eigenständiger Mensch und nicht ihr „Vater" ist. Also muß er ihr nicht verlorengehen, wenn er für eine begrenzte Zeit örtlich abwesend ist.

Als der Volkshochschulkurs beendet ist, organisiert Ellen mit Hanne eine Selbsthilfegruppe für alleinstehende Frauen. Damit erweitert sie ihren Freundeskreis und erhält die Bestätigung vieler Frauen, die sich vertrauensvoll an sie wenden. Einige Themen, die in der Selbsthilfegruppe besprochen werden, sind: Altern und Kinderwunsch, Freizeitgestaltung, Partnersuche und Belästigungen in der Öffentlichkeit, Frauensolidarität, Kosmetik.

Die Gruppe beschließt, gemeinsam in Urlaub zu fahren. Als Daniel ins Ausland fährt und sich einige Wochen nicht meldet, fühlt sich Ellen so depressiv, daß sie nicht mehr arbeiten kann. Sie bleibt in ihrer Wohnung und ißt nichts mehr. Mit Hilfe ihrer Therapeutin und Freundinnen, die sie zu Hause besuchen und sie versorgen, gelingt es ihr jedoch, neuen Lebensmut zu finden und sich mit alltäglichen Anforderungen wieder auseinanderzusetzen.

Vielleicht wird sie im Laufe ihrer weiteren Therapie lernen, das Verhalten der Mutter besser zu verstehen, um dieser gelassener begegnen zu können, falls es zu einem erneuten Treffen kommen sollte. Ellen hat jedoch für sich entschieden, daß dieser Schritt von der Mutter ausgehen muß.

Drei Jahre nach der Szene an der Straßenbahnhalte- stelle, die für Herbert und Ellen zu wichtigen Lebens- entscheidungen führte, betrit Herbert ein Lederwaren- geschäft, um sich eine Brieftasche zu kaufen. Als die Verkäuferin ihn nach seinem Wunsch fragt, erkennt er Ellen. Und sie erkennt Herbert.
(Haben Sie Lust, die Geschichte fortzusetzen?)

Literatur

Einführende Literatur

De Roeck, B.-P.: Gras unter meinen Füßen,
  Burckhardthaus, Gelnhausen 1982
  (auch als rororo-Taschenbuch)

Weber, M.: Mit sich selbst in Einklang kommen,
  Herder-Taschenbuch, Freiburg 1982

Weiterführende Literatur

Perls, F.: Grundlagen der Gestalt-Therapie,
  J. Pfeiffer, München 1976

Polster, E. u. M.: Gestalttherapie,
  Kindler, München 1975
  (auch als Fischer-Taschenbuch)

Rahm, D.: Gestaltberatung,
  Junfermann, Paderborn 1979

Zinker, J.: Gestalttherapie als kreativer Prozeß,
  Junfermann, Paderborn 1982

Übungen der Gestalttherapie

Stevens, J.O.: Die Kunst der Wahrnehmung,
  Chr. Kaiser, München 1975

Quellenangaben
  (dem Text zugrunde liegende Literatur)

Bünte-Ludwig, C.: Gestalttherapie –
  Integrative Therapie
  in: H.G. Petzold (Hrsg.),
  Wege zum Menschen,
  Bd.1, S.217-307,
  Junfermann, Paderborn 1985

Hartmann-Kottek-Schroeder, L.: Gestalttherapie,
      in: R.J. Corsini (Hrsg.),
      Handbuch der Psychotherapie,
      S. 281-320,
      Beltz, Weinheim 1983

Petzold, H.G.: Die Gestalttherapie von Fritz Perls,
      Lore Perls und Paul Goodman,
      Integrative Therapie 1-2/1984, S. 5-72

Süss, H.J./Martin, K.: Gestalttherapie,
      in: L.J.Pongratz (Hrsg.),
      Handbuch der Psychologie,
      Bd. 8/2, S. 2725-2750,
      Verl. f. Psychologie, Göttingen 1978

Gesellschaftskritische Arbeiten

Dreitzel, H.P.: Sozialpolitische Aspekte der
      Gestalttherapie,
      in: H.G. Petzold/C.J. Schmidt (Hrsg.),
      Gestalttherapie, Wege und Horizonte,
      S. 59-73,
      Junfermann, Paderborn 1985

Sieper, J.: Vom Mythos der „alternativen Gestalt-
      therapie" und des „gestaltischen Lebens"
      Gestalt-Bulletin VII. Jg. 1/1987,
      S. 90-101